Albert Koeppen

Der Fruchterwerb des bonae fidei possessor

Zur Lehre von der Pendenz der Rechtsverhältnisse

Albert Koeppen

Der Fruchterwerb des bonae fidei possessor
Zur Lehre von der Pendenz der Rechtsverhältnisse

ISBN/EAN: 9783743495104

Hergestellt in Europa, USA, Kanada, Australien, Japan

Cover: Foto ©ninafisch / pixelio.de

Weitere Bücher finden Sie auf **www.hansebooks.com**

Der
Fruchterwerb des bonae fidei possessor.

Zur Lehre von der Pendenz der Rechtsverhältnisse.

Festschrift

im Namen und Auftrag der Straßburger Juristen-Fakultät

verfaßt von

Dr. Albert Koeppen.

Jena,
Mauke's Verlag
(Hermann Dufft).
1872.

Dem gefeierten Lehrer der deutschen Rechtswissenschaft,

— dem berühmten Schriftsteller,

dem Meister der Theorie und Praxis,

Herrn

Dr. Carl Georg von Wächter

widmet diese Schrift

zur Feier seines fünfzigjährigen Doctor = Jubiläums

am 16. Juli 1872

als ein Zeichen ihrer Verehrung

die Juristen=Fakultät der Universität Straßburg:

A. Koeppen, d. Z. Decan, Laband, Brunner, Bluding,
Bremer, Schultze.

Der gemeinen Meinung, nach welcher der **bonae fidei possessor** Eigenthümer der separirten Früchte wird und nur obligirt ist, dem Vindicanten der Hauptsache auch die **fructus exstantes** zu restituiren [1]), stellt, wie vor fünfzig Jahren Savigny [2]), gegenwärtig wieder Windscheid in seinem Pandektenrecht die früher schon in einer besonderen Abhandlung [3]) entwickelte Ansicht gegenüber: der redliche Besitzer habe an den Früchten kein anderes Recht als an der fruchttragenden Sache; vom Ersatz der **fructus consumpti** sei er nicht kraft seines Eigenthums, sondern kraft seines guten Glaubens frei, und die **fructus exstantes** könnten von ihm, wie von jedem anderen Besitzer, eingeklagt werden.

Savigny stützte diese Ansicht auf die Regel: **fructus rei frugiferae pars est.** Nach ihr soll es mit der Absonderung

---

1) Vergl. die ältere und neuere Literatur über diese schon von den Glossatoren vertretene Theorie und ihre verschiedenen Richtungen bei Glück, Comment. Bd. 8 S. 270 ff., Bake, bonae fidei possessor quemadmodum fructus suos faciat p. 2 sqq. (Berol. 1823). v. Vangerow, Pand. § 326 Anm. 2, Arndts Pand. § 156 Anm. 3, Windscheid, Pand. Bd. 1 § 186.

2) Recht des Besitzes, 1. Aufl. S. 232 ff. (1822), 7. Aufl. S. 277 ff. (1865).

3) Zeitschr. f. Civ. u. Pr. R. N. F. Bd. 4 S. 55 ff. (1847).

1

der Frucht genau dieselbe Bewandniß haben, wie mit der reellen Theilung jedes andern Ganzen, z. B. der Zerlegung eines Thieres, oder dem Abbrechen eines Hauses. „Wenn ein Ganzes in seine Theile zerlegt wird", sagt er, „so fängt für diese „Theile ein neuer Besitz an, weil sie als besondere Körper „für sich bisher gar nicht im Besitz waren. Also muß für diese „Theile (d. h. in unserem Fall für die Früchte) auch eine neue „b. f. possessio anfangen. Aber nach den Regeln des Be-„sitzes wird bei der Zerlegung des Ganzen sowohl die Appre-„hension als die iusta causa von dem Ganzen auf den Theil „übertragen: also entsteht auch in unserem Fall die neue b. f. „possessio an der Frucht durch die bloße Absonderung der-„selben, und es ist weder eine neue Apprehension (eigentliche „fructuum perceptio), noch eine neue iusta causa hierzu „nöthig [4]). Demnach unterscheidet sich der b. f. possessor „von dem Fructuar und dem Pächter dadurch, daß er schon „durch die bloße Separation, auch wenn sie durch Zufall oder „durch fremde Handlung erfolgt, sein neues Recht erwirbt... „Auf der andern Seite ist aber freilich nicht zu leugnen, daß „in der That dem b. f. possessor an den Früchten etwas ganz „besonders zugewendet werden sollte, pro cultura et cura [5]). „Allein dies Besondere geht nicht auf den Erwerb des Eigen-„thums an den Früchten, sondern auf die obligatorischen „Verhältnisse. Wenn nämlich der Besitzer die Früchte verkauft „oder verzehrt, und sich dadurch bereichert hatte, so hätte er „eigentlich diesen Gewinn herausgeben müssen: dazu konnte er „gezwungen werden nicht nur durch die Vindication der Haupt-„sache, sondern auch durch eine besondere Condiction auf den „Werth der verzehrten Früchte. Davon nun wurde er freige-

---

4) arg. l. 48 pr. D. de A. R. D. (41. 1), l. 25 § 1 D. usur. (22. 1), l. 13 D quib. mod. ususfr. (7. 4).

5) § 35 J. de R. D. (2. 1).

„sprochen, diesen Gewinn sollte er behalten dürfen, und das
„ist es, was man mit den Ausdrücken eius fiunt fructus,
„fructus consumptos suos facit bezeichnet... Daß sie mit
„dem Eigenthum hier nichts zu schaffen haben, erhellt am
„deutlichsten daraus, daß sie gerade von den consumirten
„Früchten gebraucht werden, da doch durch Consumption alles
„Eigenthum vielmehr untergehen muß; ferner daraus, daß jenes
„besondere Recht gewiß auch bei den s. g. fructus ciuiles (z. B.
„Miethgeld) gilt, obgleich dabei von dieser Art Eigenthum
„zu erwerben gar nicht die Rede sein kann."

Gegen diese Ausführung ist mit Recht geltend gemacht,
daß sie mit dem Begriff der Frucht[6]), mit dem Erwerb durch
Separation[7]), und mit Stellen in Widerspruch steht, in welchen
dem b. f. possessor geradezu das Eigenthum zugeschrieben
ist[8]). Dies wird auch von Windscheid nicht in Abrede
gestellt. Er betrachtet die Separation der Frucht nicht als die
Zerlegung eines Ganzen in Theile, sondern in Uebereinstimmung mit den Quellen[9]) als die Entstehung einer Sache, die

6) Böcking, Pand. § 151 Note 1, v. Vangerow a. a. O. §
326 Anm. 1 u. E.

7) Puchta, Curs. d. Inst. Bd. 2 § 242 Note pp. und Pandekten-
vorl. § 166: „Der Besitzer soll nicht durch Besitzergreifung, sondern
durch Separation erwerben, der Besitzerwerb soll gleichgültig sein (z. B.
ein Dieb separirt). Dies läßt sich vom Eigenthum sagen, aber nicht
vom Usucapionsbesitz: er soll Usucapionsbesitz erwerben, aber es ist nicht
nothwendig, daß er Besitzer ist!"

8) v. Vangerow a. a. O. Anm. 2 sub a unter Bezugnahme auf
l. 25 § 1 D. de usur. (22. 1) ... b. f. possessor in percipiendis
fructibus id iuris habet, quod dominis praediorum tributum est.
l. 28 pr. D. eod.. l. 13 D. quib. mod. ususfr. (7. 4), l. 1 § 2 D.
de pignor. (20. 1).

9) l. 10 § 2 D. de usurp. (41. 3)... nec enim esse partum
rei furtiuae partem, l. 62 § 8 D. de furt. (47. 2)...etenim fructus,
quamdiu solo cohaereant, fundi esse, l. 44 D. de R. V.
(6. 1).

als das, was sie jetzt ist, bisher noch gar nicht existirte [10]); er behauptet nicht, daß mit der Separation eine b. f. possessio an den Früchten beginnt, wenn es an den Erfordernissen des Besitzerwerbs fehlt, und er giebt zu, daß in den citirten Stellen nur eine Anerkennung des Eigenthumsrechts gefunden werden kann [11]). Er theilt aber die Meinung Savigny's, daß sich die Ausdrücke anderer Stellen: fructus consumptos suos facit und eius fiunt, si consumpti sunt [12]), nicht vom Eigenthumsrecht, sondern nur dahin verstehen lassen, der redliche Besitzer brauche den Vermögenswerth dieser Früchte nicht zu ersetzen [13]). Deshalb, und weil nicht ersichtlich, warum das römische Recht ihm das Eigenthum der Früchte gegeben haben sollte, wenn es ihm die fructus exstantes nicht lassen wollte, glaubt er, der Ausspruch der römischen Juristen: der redliche Besitzer werde Eigenthümer der Früchte, enthalte nicht den Ausdruck ihrer eigentlichen Meinung, sondern sei die Ausbeutung eines Ausdrucks, mit dem ursprünglich nur das Recht, die Früchte ohne Ersatz zu consumiren, bezeichnet werden sollte. Dabei nimmt er jedoch abweichend von Savigny an, daß der Begriff der fructus consumpti die veräußerten Früchte, für die etwas erworben werde, nicht mit umfasse, und daß sich deshalb mit der Consumption der Früchte keine Bereicherung verbinde. Consumere rem heiße: eine Sache als Körper oder als Bestandtheil des Vermögens vernichten. Wer körperlich die Früchte verzehre, werde dadurch nicht reicher, weil er bei onerosem Erwerbe der fruchttragenden Sache in den Früchten die Zinsen von dem aufgewendeten Vermögenswerth ziehe, bei

10) Pand. § 186 Note 2.
11) Zeitschr. f. Civ. u. Pr. S. 83 ff., Pand. § 186 Note 12.
12) l. 40 i. f. D. de A. R. D. (41. 1), l. 4 § 19 D. de usurp. (41. 3).
13) Zeitschr. f. Civ. u. Pr. S. 84 ff., Pand. § 186 Note 12.

lucrativem Erwerbe aber nach dem natürlichen Lauf der Dinge das bisher zum Ankauf der Früchte erforderliche Geld nicht zum Kapital schlage, sondern für andere Zwecke verausgabe. Und wer durch Veräußerung die Früchte als Bestandtheile seines Vermögens vernichte, werde dadurch gleichfalls nicht reicher, denn eine solche Vernichtung sei nur dann in der Veräußerung enthalten, wenn sich statt des Veräußerten auch nichts Anderes im Vermögen befinde [14]). Hiernach faßt Windscheid seine Ansicht über Sinn und Entstehung der Ausdrucksweise der Quellen in folgender Weise zusammen [15]):

„Der redliche Besitzer braucht für die consumirten Früchte „deswegen keinen Ersatz zu geben, weil er durch ihre Consump„tion nicht reicher geworden, weil es die Bestimmung der Frucht „ist, verzehrt zu werden. Wer also das Recht hat, die Frucht „zu verzehren, hat alles Recht, was an derselben — allerdings „nicht stattfindet aber doch — ausgeübt wird; er kann darüber „disponiren — nicht wie derjenige, welcher alles Recht an ihr „hat, darüber disponiren kann, aber doch, — wie er darüber „disponirt. Die Erscheinung seines Rechts ist ganz dieselbe, „wie die Erscheinung des vollen Rechts. An die Erscheinung „aber hält sich die ungenaue, unjuristische Auffassung des ge„meinen Lebens; für sie ist das volle Recht gleich Consump„tionsrecht, also Consumptionsrecht gleich volles Recht. So sind „die Ausdrücke: fructus pertinent ad b. f. possessorem, „eius sunt, fiunt, fructus suos facit im Volke entstanden. „Aus der Sprache des Volks sind sie dann später in die Sprache „der Juristen übergegangen... In derselben sind sie allerdings „vielfach in ihrem Wortsinn, nicht in demjenigen, der ursprüng„lich damit ausgedrückt werden sollte, gebraucht worden. Jedoch

14) A. a. O. S. 95 ff. S. 125 ff., Pand. § 186 Note 12. 16.
15) A. a. O. S. 103 u. S. 121.

„finden sich einerseits auch in den juristischen Schriften der
„Römer noch sehr scharf hervortretende Spuren dieser ihrer
„ursprünglichen Bedeutung, und andererseits hat sich die un=
„genaue Auffassung derselben nie dahin consolidirt, daß der
„redliche Besitzer als Eigenthümer, als dominus im juristischen
„Sinne des Wortes, anerkannt worden wäre. Vielmehr, wo
„die römischen Juristen aufgefordert werden, aus dem ihm an
„den Früchten zugeschriebenen Rechte Consequenzen auf seine
„Stellung im Einzelnen zu ziehen, gehen sie lediglich davon
„aus, daß er das Recht habe, sie zu consumiren. Daher heben
„sie seine Verpflichtung, bei der Vindication der Hauptsache die
„existirenden Früchte zu restituiren, nicht als etwas Besonde=
„res hervor, sondern setzen sie als sich von selbst verstehend
„voraus" [16]).

16) Die Stellen, auf welche sich diese Ausführung stützt, sind:

a) l. 40 D. de A. R. D. (41. 1) und l. 4 § 19 D. de usurp. (41. 3); hier sollen die Ausdrücke: fructus eius facit, fructus eius sunt gleichbedeutend gebraucht sein mit den Ausdrücken: fructus consumptos suos facit, fructus eius sunt, si consumpti sunt, und daraus folgen, daß sie den Eigenthumserwerb nicht bezeichnen können, weil er an einer consumirten Sache unmöglich sei; a. a. O. S. 84 ff.

b) § 35 J. de R. D. (2. 1). l. 1 § 2 D. de pignor. (20. 1), l. 40 § 1 D. de H. P. (5. 3): in diesen Stellen werde aus dem fructus suos facere nur gefolgert, daß der redliche Besitzer für die consumirten Früchte keinen Ersatz zu geben brauche, nicht daß er trotz seines Eigen= thums die fructus exstantes zu restituiren habe, wie es hätte geschehen müssen, wenn ihm das Eigenthum zugesprochen werden sollte; a. a. O. S. 92 ff.

c) § 2 J. de off. iud. (4. 17). u. c. 22 C. de R. V. (3. 32): hier werde weiter nichts gesagt, als daß der redliche Besitzer nur die vorhan= denen Früchte, die consumirten nicht herauszugeben habe.

d) l. 4 § 2 D. fin. reg. (10. 1); in den Worten dieser Stelle: et lucrari eum oportet, si eos consumpsit trete die ursprüngliche Auffassung des römischen Rechts noch ganz bestimmt zu Tage, denn das lucrari bezeichne gerade den Vortheil, welchen es dem redlichen Besitzer zuwenden wolle; a. a. O. S. 106 ff.

Die Grundlage für Windscheid's Theorie bildet demnach der Satz: die Separation der Früchte erzeugt für den redlichen Besitzer nur die Möglichkeit, an ihnen die b. f. possessio zu erwerben; tritt dieser Erwerb wirklich ein, so erhält er durch denselben das Consumptionsrecht, so lange seine bona fides fortdauert. Aus diesem Satze wird dann gefolgert, einerseits daß ihm die Usucapion der Früchte nicht versagt werden dürfe, andererseits daß ihm inzwischen die fructus exstantes nicht blos zugleich mit der Hauptsache als Zubehör, sondern mit einer besonderen Vindication vom Dominus abgefordert werden können [17]), und daß die Vindication auch gegen den dritten Besitzer, an welchen die Früchte veräußert sind, zu gestatten sei, soweit dadurch das Consumptionsrecht keine Beeinträchtigung erleide. Sie wird daher für unzulässig erklärt, wenn durch die Verurtheilung des dritten Besitzers der Auctor genöthigt werden würde, das für die Früchte Empfangene herauszugeben, obwohl er es bereits verzehrt hat [18]), für zulässig aber, wenn der dritte Besitzer gegen seinen Auctor keinen Regreß hat, oder wenn er diesen zwar hat, sein Auctor aber noch den für die Früchte erhaltenen Werth besitzt, weil er dann die Früchte noch nicht consumirt habe.

Dies sind die Principien für die fructus naturales; für die fructus ciuiles stellt Windscheid folgende besonderen Grundsätze auf [19]). An juristischen Früchten, welche für die Ueberlassung der natürlichen gezogen sind, steht dem b. f. possessor dasselbe Recht zu, wie an diesen, weil sie dieselben

---

17) A. a. O. S. 122 ff., Pand. S. 186 Note 14. 15. 17. 18.

18) arg. 1. 25 § 17 D. de H. P. (5. 3) Item si rem distraxit bonae fidei possessor nec pretio factus sit locupletior, an singulas res, si nondum usucaptae sint, uindicare petitor ab emptore possit? ... Et puto, posse res uindicari, nisi emptores regressum ad bonae fidei possessorem habent.

19) Zeitschr. f. Civ. u. Pr. S. 182 ff.

repräsentiren: so lange er das Pachtgeld oder dessen Werth noch hat, kann der Dominus es condiciren, nach der Consumption aber keinen Ersatz fordern. Dagegen bei fructus ciuiles von einer nicht fruchttragenden Sache cessirt die condictio, weil diese nach Analogie eines bona fide besessenen Sclaven schon vor der Consumption dem redlichen Besitzer zu vollem Recht gehören.

Den Ausführungen über die Ausdrucksweise der Quellen, welche dieser Theorie zu Grunde liegen, hat sich in neuster Zeit Göppert[20]) der Sache nach angeschlossen. Die Resultate, zu welchen er gelangt, sind nicht in allen Punkten dieselben, weil er das fructus suos facere nicht ausschließlich aus der Consumptionsbefugniß herleitet, und den Begriff der fructus consumpti auch auf die gegen Entgeld veräußerten Früchte erstreckt, aber das Fundament seiner Argumentation ist nur insofern ein anderes, als er die separirte Frucht, nicht als res noua, sondern, wie Savigny, als pars rei frugiferae angesehen wissen will[21]). Seine Ansicht ist in der Kürze folgende[22]):

Bis zur Separation besitzt der b. f. possessor die Früchte nur in und mit der Hauptsache. Nach derselben erwirbt er an ihnen als besonderen Objecten den Usucapionsbesitz, falls er um die Separation weiß und die Früchte von Neuem apprehendirt[23]); er hat daher die actio Publiciana und die Aussicht

---

20) Ueber die organischen Erzeugnisse S. 320 ff. (Halle 1869).

21) Vgl. gegen die darauf bezüglichen Erörterungen die Recension der Göppert'schen Schrift von Hartmann in der krit. Vierteljahrsschr. Bd. 11 S. 513 ff.

22) Vgl. S. 344 ff. a. a. O.

23) Nach der heutigen Doctrin ist es consequent, wenn Göppert den Besitzerwerb von der Kenntniß der Separation abhängig macht, da der animus rem sibi habendi dieselbe voraussetzt: nach den Grundsätzen des römischen Rechts ist sie aber nicht erforderlich, weil nach ihnen zu den

auf das Eigenthum nach Ablauf des tempus usucapionis.
Deßhalb konnten die römischen Juristen sagen: fructus percipiendo suos facit[21]). Kommen die separirten Früchte
nicht in seinen Besitz, so ist er ebenfalls nicht schutzlos: wenn
sie als fructus pendentes entwendet sind, hat er die actio
furti und die condictio possessionis, und wenn sie bei der
Entwendung schon durch Naturvorgang separirt waren, schützt
ihn die actio Publiciana und die condictio sine causa.
Jene kann er, wie die rei vindicatio, auf die noch in natura
vorhandenen Früchte selbständig oder in Verbindung mit der
Klage auf die Hauptsache anstellen, und im letzten Fall auch
die fructus percepti und percipiendi aus der Proceßzeit als
causa· rei fordern[25]); diese geht separat oder mit der Haupt-
klage verbunden auf die verzehrten und veräußerten Früchte.
Zur Begründung der condictio genügt der durch die Vernichtung
der Früchte bewirkte Verlust der actio Publiciana, weil er dem
Beklagten zu Gute gekommen ist[26]). Die römischen Juristen
konnten daher auch sagen: b. f. possessor fructus separatione suos facit. Freilich muß das suos facere separatione
wie perceptione von allen gewöhnlichen separirten Sachtheilen
ebenso gelten, wie von den Früchten; bei diesen existirte aber

---

Erfordernissen des Besitzerwerbes nur eine causa possessionis gehört,
(vgl. meine Abhandl. über den obligator. Vertrag unter Abwesenden
S. 129 in der Note), die ohne Wissen des Besitzers eintreten kann und
deshalb hier ohne Weiteres von der Hauptsache auf die Früchte übertragen wird, l. 11 § 4 D de Publ. i. r. act. (6. 2); es erwirbt z. B. ein Filiusfamilias an den Peculiensachen, die er detinirt, beim Tode seines Vaters als heres necessarius sofort den juristischen Besitz, obwohl er
von der Erbfolge keine Kenntniß, also keinen animus rem sibi habendi
hat, l. 44 § 4 D. de usurp. (41. 3).

24) l. 48 pr. D. de A. R. D. (44. 1).
25) l. 11 § 2 D. de Publ. i. r. act. (6. 2).
26) arg. l. 15 § 1 D. de cond. ind. (12. 6).

in der Begünstigung, welche dem b. f. possessor an ihnen gewährt war, ein besonderer Grund, es ausdrücklich hervorzuheben:

Der b. f. soll die consumirten Früchte luciren, wenn er bei der Consumption in bona fide ist; nur die fructus exstantes soll er herausgeben. Fructus exstantes sind blos die vorhandenen natürlichen Früchte. Ein Anspruch des Dominus auf die fructus ciuiles, mögen sie in Pacht- oder Miethzins bestehen, läßt sich juristisch nicht construiren: die Vindication ist nicht denkbar, und für eine Condiction wie gegen den m. f. possessor fehlt es dem b. f. possessor gegenüber an den erforderlichen Voraussetzungen. Die Freiheit vom Ersatz der fructus ciuiles stellt sich daher als etwas Selbstverständliches dar. Anders verhält es sich mit der Befreiung vom Ersatz der consumirten natürlichen Früchte. Sie ist kein aus der bona fides sich von selbst ergebender Vortheil, sondern ein ius singulare: denn bei andern Sachtheilen und Sachen tritt sie nur im Fall des eigentlichen Verbrauchens und Verschenkens ein, bei den Früchten aber auch im Fall der Consumption durch lästige Veräußerung. Wäre es richtig, daß blos ein mit Putativtitel versehener b. f. possessor nach Veräußerung der Sache vom Dominus in Anspruch genommen werden darf[27]), so würde allerdings das lucrari der fructus consumpti auch im Fall des Verkaufs u. s. w. nur das ius commune jeder b. f. possessio darstellen, allein dem ist nicht so; der b. f. possessor ex uero titulo haftet gleichfalls der condictio sine causa. Das S. C. Iuuentianum, aus welchem man die nur den Besitzer mit Putativtitel treffende Haf-

---

27) Vgl. v. Wächter, Erört. Heft 2 S. 100 ff., Jhering, Abhandl. S. 81., Witte, Bereicherungsklagen S. 325 ff. und dagegen Jakobi in den Jahrbb. f. Dogm. Bd. 4 S. 241, Windscheid, Pand. Bd. 2 § 422 Note 4.

tung entstanden glaubt²⁸), hat in Wahrheit auch für die hereditatis petitio nicht überhaupt zuerst die Haftung des b. f. possessor eingeführt, sondern blos, was schon früher galt, modificirt und erweitert: während er nach gewöhnlichem Recht erst haftbar wird, wenn der Dominus die Sache vom dritten Erwerber nicht zu erlangen vermag, weil sie usucapirt oder untergangen ist, dann aber schlechtweg auf den erhaltenen Preis²⁹), kann nach dem SCtum der Erbschaftsbesitzer schon primo loco, aber nur in quantum etiamnunc locupletior est verklagt werden. Hiernach besteht die Begünstigung des b. f. possessor titulo singulari zunächst darin, daß er auf den für die Früchte gezogenen Preis nicht haftet, während er das für die Hauptsache und überhaupt für andere bona fide besessene Sachen Empfangene an den Dominus herausgeben muß. Auf diesen Vortheil ist aber sein Privilegium nicht zu beschränken. Da er die consumirten Früchte lucriren soll, so muß man noch einen Schritt weiter gehen. Damit er sie auch nicht auf indirectem Wege wieder verlieren kann, ist nothwendig, daß für die vom gutgläubigen Singularbesitzer veräußerten Früchte generell das gilt, was bei der hereditatis petitio für die vom b. f. possessor veräußerten Erbschaftssachen dann gilt, wenn er aus dem pretium nicht mehr locupletior ist: der Dominus darf sie vindiciren, nisi emptores regressum ad bonae fidei possessorem habent. Abgesehen von diesem Fall wird seine Vindication nur durch die Ersitzung der Früchte ausgeschlossen. Der Verlust seines Eigenthums an der Hauptsache hindert sie nicht; er kann die Früchte besonders, nicht blos als causa rei, und deshalb

---

28) Witte a. a. O. S. 326.

29) l. 49 D. de neg. gest. (3. 5). l. 23 D. de R. C. (12. 1), c. 1 C. de reb. al. non alien. (4. 51), c. 1 C. de comm. rer. alien. (4. 52).

auch dann noch vindiciren, wenn die Hauptsache usucapirt oder
untergangen ist. — Seinen Grund hat das ius singulare
in der praktischen Erwägung, daß die Restitution von Sum-
men, die Jemand als Revenue seines Besitzes betrachtet und
behandelt hatte, häufig vorkommen, und in Folge dessen durch
die Anwendung des regelmäßigen Rechts objectiv mehr Schaden
und Verwirrung entstehen würde, als die Einhaltung der Regel
werth sein könnte[30]).

Um diese Deduction den Quellen gegenüber aufrecht zu
halten, erklärt Göppert[31]) den § 35 cit. J. de R. D. (2. 1),
der den Fruchterwerb des b. f. possessor mitten in der Lehre
vom Eigenthumserwerb behandelt, für ein „ungeschicktes Ein-
schiebsel", welches auf „doctrinärem Mißverständniß" der Re-
dactoren Justinian's beruhe; die hervorgehobenen Pandek-
tenfragmente, in welchen dem redlichen Besitzer geradezu das
Eigenthum an den Früchten zugesprochen wird, beseitigt er
durch die Auskunft, der Jurist habe sich hier „nicht völlig con-
gruent" ausgedrückt und „die Ungenauigkeit des Ausdrucks
nicht ängstlich vermieden", weil es sich theils um specielle Ne-
benfragen[32]), theils um eine beiläufige Bemerkung[33]) handle,
nicht darum, von welcher juristischen Beschaffenheit das Rechtsverhältniß des b. f. possessor zu den Früchten sei; und hinsichtlich der übrigen Stellen, in denen es heißt: b. f. possessorem fructus suos facere, fructus pertinere ad eum,

---

30) arg. l. 44 pr. D. de usurp. (41. 3).

31) S. 328 ff. a. a. O.

32) In l. 25 § 1 D. de usuris (22. 1) um die Frage, ob der Umstand, daß ein Dritter gesäet habe, in l. 25 § 2 D. eod., ob mala fides
superveniens Einfluß auf die Befugniß des b. f. possessor habe, und
in l. 13 D. quib. mod. ususfr. (7. 4) um den verschiedenen Zeitpunkt,
in welchem beim Usufructuar und b. f. possessor ihr wie immer ge-
artetes Recht beginne.

33) In l. 1 § 2 D. de pignor. (20. 1).

eius esse, macht er geltend, daß diese Wendungen in unzähligen andern Fällen gebraucht würden, wo sie ganz unzweifelhaft nicht vom Eigenthum, sondern nur von einem Gebühren und Behaltendürfen verstanden werden könnten, und daß eine exacte Auffassung jener Worte, die an sich keinen exacten Sinn hätten, auch um deswillen nicht möglich sei, weil manche Stellen den Eigenthumserwerb mit der Separation, andere erst mit der Perception, und noch andere erst mit der Consumption eintreten ließen [34]).

Diese Rechtfertigung involvirt die Auffassung Windscheid's. Wenn die römischen Juristen theils Ausdrücke gebrauchten, die nach dem juristischen Sprachgebrauch auf das Eigenthum bezogen werden mußten, theils solche, die wenigstens auch darauf bezogen werden konnten, gleichwohl aber den b. f. possessor nicht als Eigenthümer anerkennen wollten, so läßt sich das nur in der Weise erklären, wie es von Windscheid geschehen ist: die Ausdrucksweise mußte nach der äußeren Erscheinung des Rechtsverhältnisses im Volke entstanden und aus der Sprache des gemeinen Lebens von den Juristen adoptirt sein, weil sie nur dann trotz ihrer Ungenauigkeit Jedermann verständlich sein konnte. Ob man zugleich noch annimmt, was Göppert nicht für nöthig hält [35]), jene Ausdrücke seien später auch in der juristischen Sprache vielfach nicht in ihrem ursprünglichen, sondern in ihrem Wortsinn gebraucht worden, ist ziemlich irrelevant, wenn diese ungenaue Auffassung, wie Windscheid hervorhebt, nie zu einer Anerkennung des redlichen Besitzers als Dominus im juristischen Sinne des Worts geführt hat.

Bisher hat diese Interpretation der Quellen keine weite-

---

34) l. 40 D. de A. R. D. (41. 1). l. 4 § 19 D. de usurp. (41. 3)
35) S. 321 a. a. O.

ren Anhänger gefunden. Man hält es nicht für wahrschein=
lich, „daß die römischen Juristen Ausdrücke, die beim Volke aus
einer ungenauen und unjuristischen Auffassung der Verhältnisse
entstanden wären, und die in ihrer wahren juristischen Bedeu=
tung einen ganz andern Sinn hätten, so ohne Weiteres als
juristische Kunstausdrücke adoptirt haben sollten"[36]). Und man
glaubt, daß wie mit den Aussprüchen der Quellen, so auch mit
den Interessen des Verkehrs allein die herrschende Doctrin ver=
einbar sei; sie verhüte namentlich das mißliche Ergebniß, daß
der redliche Besitzer nach erfolgter Veräußerung oder Ersitzung
der Hauptsache noch wegen vorher gezogener Früchte belangt
werden könne, während vom Standpunkt der neuen Lehre sogar
die Klage auf noch nicht ersessene Früchte von bereits erse=
nen ins unbegrenzte gestattet werden müsse, wenn ihre Sepa=
ration vor der Vollendung der Ersitzung erfolgt sei[37]).

Diese Einwendungen haben auf Windscheid keinen Ein=
druck gemacht. Er ist bei seiner Ansicht mit dem Bemerken
stehen geblieben[38]): wer sie verwerfen wolle, müsse nachwei=
sen, was in genügender Weise bisher nicht geschehen sei[39]),
weshalb das römische Recht dem redlichen Besitzer das Eigen=
thum an den Früchten gegeben habe, wenn es ihm dasselbe
nicht lassen, sondern blos die Consumptionsbefugniß zugestehen
wollte.

Es soll hier versucht werden, diesen Nachweis zu führen.
Die Untersuchung, welche dazu erforderlich ist, muß von dem

---

36) v. Bangerow a. a. O. § 326 Anm. 2 S. 622.
37) Fitting, im Arch. f. civ. Pr. Bd. 52 S. 276 Note 185.
38) Pand. § 186 Note 12.
39) Vgl. Windscheid's Bericht über die bisherigen Versuche, den
Fruchterwerb des b. f. possessor zu begründen, in d. Zeitschr. f. Civ.
u. Pr. S. 57—75 und Göppert a. a. O. S. 321 ff.

Grunde des Erwerbes ausgehen und nach ihm die juristische Natur desselben bestimmen.

I. Grund des Erwerbs.

Die Production der Früchte fordert, wie die Production aller ökonomischen Güter, in der Regel das Zusammenwirken von drei Factoren: der Natur, der Arbeit und des Kapitals[40]). Die Natur bringt den neuen Stoff der Frucht aus der Substanz der fruchttragenden Sache hervor, die Arbeit leitet die Kräfte der Natur in die zur Production und Kultur der Sache erforderliche Richtung, und das Kapital giebt der Arbeit die Hülfsmittel, ohne welche sich die Frucht nicht ziehen läßt[11]). Der Antheil, welchen diese drei Factoren an der Production haben, kann ein verschiedener sein, die Art und Weise aber, wie sie bei der Production mitwirken, ist überall dieselbe. Erzeugt wird die Frucht stets durch den ersten Factor, nicht blos wenn sie eine freiwillige Naturgabe, sondern auch wenn sie vorwiegend das Product der beiden andern Factoren ist; Arbeit und Kapital sind nur die auf ihre Erzeugung verwendeten Kosten[42]).

40) Vgl. Roscher, Grundlagen der Nationalökonomie § 46. Schäffle, Lehrb. d. Nationalökonomie § 21 ff.

11) Schäffle a. a. O. S. 6.

42) „Bei aller Einwirkung der Arbeit auf den Stoff", sagt Schäffle a. a. O. § 24 „hört die Naturkraft des Stoffs nicht auf zu wirken. Die menschliche Arbeitseinwirkung, selbst getragen von der leiblichen und geistigen Kraft, erzeugt nur die nützliche Lage, Richtung und Bewegung der mitwirkenden Naturkräfte und Materien. Arbeit bringt blos Nützlichkeiten am Gegenstand, keine Gegenstände hervor..... Man könnte in der Landwirthschaft keine Pflanze hervorbringen, wenn nicht durch den Boden — diese Maschine zur wirksamen Zusammenleitung von Licht, Wärme, Feuchtigkeit, Electricität auf die Lebenskraft des Pflanzenkeims — die Naturkräfte in eine bestimmte nützliche Richtung auf einander

Diesem natürlichen Verhältnisse entsprechend bestimmt das
römische Recht: Dominus der separirten Früchte wird naturali
ratione der Dominus der fruchttragenden Sache, auch wenn sie
von ihm mit fremdem Kapital z. B. mit fremdem Saatkorn[43]), und
wenn sie überhaupt nicht von ihm, sondern durch die Arbeit
und das Kapital eines Dritten gewonnen sind[44]): da sein
Eigenthum die ganze Substanz der Sache ergreift, aus der
nach dem Naturgesetz die Früchte als neue Sachen hervorgehen[45]), so zieht es das Eigenthum an diesen nach sich[46]). Der

gebracht würden... Bewegung und Widerstand gegen natürliche Bewegung sind die einzigen Dinge, worauf die Muskeln des Menschen einge-
richtet sind. Aber eben dies reicht hin, um ihm alle die Gewalt zu geben, die das Menschengeschlecht über die Natur erlangt hat."

43). l. 25 § 1 D. de usur. (22. 1)... in percipiendis fructibus
magis corporis ius ex quo percipiuntur quam seminis, ex quo
oriuntur aspicitur. et ideo nemo unquam dubitauit. quin, si in
meo fundo frumentum tuum seueris, segetes et quod ex messibus
collectum fuerit, meum fieret.

44) l. 25 pr. D. eod... Nec refert, ipse an socius an uterque
eos seuerit, quia omnis fructus non iure seminis, sed iure soli per-
cipitur: et quemadmodum si totum fundum alienum quis sciens
possideat, nulla ex parte fructus suos faciet, quoquo modo sati
fuerint, ita qui communem fundum possidet, non faciet suos fructus pro ea parte, qua fundus ad socium eius pertinebit.

45) l. 121 D. de U. S. (50. 16) Usura pecuniae, quam percipi-
mus, in fructu non est, quia non ex ipso corpore, sed ex
alia causa est, id est noua obligatione. l. 62 pr. D. de R. U. (6. 1
... nectura sicut usura non natura peruenit.

46) l. 1 pr. D. de A. R. D. (41. 1) Quarundam rerum dominium
nanciscimur iure gentium, quod ratione naturali inter omnes homines peraeque seruatur, quarundam iure ciuili. id est
iure proprio ciuitatis nostrae... Omnia igitur animalia, quae terra.
mari, caelo capiuntur.... capientium fiunt. § 2. uel quae ex his
apud nos sunt edita. l. 6 D. eod. § 19 J. de R. D. (2. 1). Item ea.
quae ex animalibus dominio tuo subiectis nata sunt. eodem iure
(naturali) tibi adquiruntur. § 18 J. eod. Vgl. Leist, Natur des
Eigenthums S. 141.

Umstand, daß die Productionskosten nicht aus seinem Vermö=
gen bestritten sind, darf gegen ihn nach der naturalis ratio
nur eine Forderung auf den Abzug der Impensen begrün=
den.[47]).

Sollen diese Principien außer Anwendung treten, so muß
andern Personen ein Recht auf die Früchte zustehen, neben
welchem der Erwerb für den Dominus nur eventuell oder gar
nicht Statt finden kann. Ein solches Recht hat der Pächter
nicht, wohl aber der Usufructuar, der Emphyteuta und der
bonae fidei possessor [48]).

[47] c. 11 C. de R. U. (3. 32), l. 36 § 5 D. de H. P. (5. 3)
Fructus intelleguntur deductis impensis, quae quaerendorum cogen-
dorum conseruandorumque eorum gratia fiunt. Quod non solam in
bonae fidei possessoribus naturalis ratio expostulat, uerum
etiam in praedonibus, sicut Sabino quoque placuit. l. 65 § 5 D. de
cond. ind. (12. 6.), l. 10 § 9 D. mand. (17. 1).

[48] Der nachfolgenden Erörterung liegen die Principien über die
successive Entstehung der Rechtsgeschäfte und der Rechtsverhält=
nisse zu Grunde, welche in meiner Schrift über den obligatorischen
Vertrag unter Abwesenden § 2 u. 3 entwickelt sind. Des leichteren Ver=
ständnisses wegen sollen sie hier in kurzer Uebersicht zusammengefaßt
werden; aus derselben wird sich zugleich ergeben, inwieweit eine im
lit. Centralbl. Jahrg. 1871 Nr. 44 erschienene Beurtheilung gerechtfertigt
ist. Sie rügt, daß meine Darstellung die beiden Begriffe, Rechts=
geschäft und Rechtsverhältniß in ihrer gegenseitigen Beziehung nicht
scharf abgrenze, daß das Wort Rechtsgeschäft ohne weiteres im ob=
jectiven Sinne gebraucht und deshalb zum Thatbestande desselben nicht
nur die Willenserklärung (die man als Rechtsgeschäft im subjectiven
Sinne bezeichnen könne) gerechnet sei, sondern auch die vom Willen un=
abhängigen Voraussetzungen seiner Wirksamkeit, die man gemeiniglich als
conditiones iuris bezeichne. Fasse man das Wort in diesem Sinne, so
bleibe der Gegensatz zum Rechtsverhältniß insofern unklar, als jedes ob=
jective Rechtsgeschäft sich nothwendig in der Erzeugung, Aufhebung oder
Modification von Rechtsverhältnissen offenbare, folglich ein Unterschied
zwischen dem unfertigen (objectiven) Rechtsgeschäft und dem unfertigen
Rechtsverhältniß sich gar nicht durchführen lasse. An diese mangelhafte
Grundlage der ganzen Untersuchung schließe sich dann ferner der Fehler,

Der Pächter hat nur eine Forderung auf die Tradi=

daß das Verhältniß von conditio iuris und conditio facti nirgends principiell festgestellt, sondern in einer durchaus principlosen und wil= türlichen Weise behandelt sei: bald werde ein Gegensatz zwischen beiden Begriffen vorausgesetzt, bald ganz unterschiedslos mit ihnen operirt.

Meine Untersuchung nimmt folgenden Gang:

Zur Existenz eines Rechtsgeschäfts gehören zwei Requisite: die Exi= stenz seines Errichtungsactes und die Existenz der juristischen Voraussetzungen, ohne welche dieser Act kein Rechtsverhältniß erzeugen, d. h. ohne welche er weder pure, noch sub conditione oder in diem die Entstehung, Aufhebung oder Modification von Rechten be= wirken kann (S. 7).

Bei der Errichtung eines Rechtsgeschäfts können diese Erfordernisse seines Thatbestandes, statt gleichzeitig nebeneinander, auch in Zwischen= räumen nach einander eintreten, namentlich so, daß der Errichtungsact ungetheilt, aber vor dem anderweitigen Thatbestande zur Existenz kommt, oder auch so, daß die zur Errichtung nöthigen Willenserklärungen in Intervallen abgegeben werden (S. 10). Hier wie dort haben bis zur Vollendung des Geschäfts die Willenserklärungen, mit welchen es anfängt, kein rechtlich garantirtes Dasein; sie existiren nur durch den fortdauernden Willen ihres Subjects, weil durch sie noch kein Rechts= verhältniß irgend einer Art, auch kein bedingtes oder betagtes, ins Leben gerufen wird (S. 12). Deshalb ist die heute übliche Defini= tion, nach welcher schon alle auf eine Rechtsänderung gerichteten Willenserklärungen Rechtsgeschäfte sein sollen, als incorrect zu verwer= fen. Die Jurisprudenz darf nur das Geschäft ein Rechtsgeschäft nen= nen, welches ein Rechtsverhältniß erzeugt hat und dadurch eine Existenz führt, die nicht von dem fortdauernden Willen seines Urhebers abhängt, sondern durch das Recht gesichert ist. Diejenigen Willenserklä= rungen, welche zwar eine Rechtsänderung bezwecken, deren Existenz aber lediglich auf dem fortdauernden Willen ihrer Subjecte beruht, weil sie bis zu ihrer Vereinigung mit anderen Willenserklärungen oder sonstigen Thatsachen kein Rechtsverhältniß begründen können, müssen in Uebereinstimmung mit der Auffassung und Ausdrucksweise der römischen Juristen als unvollendete, oder weil ihre Vollendung noch ungewiß ist, als schwebende Geschäfte dem fertigen Rechtsge= schäft (negotium contractum, perfectum) gegenübergestellt werden. Denn die Quellen sagen von einem Geschäft, dessen Errichtungsact sich successive vollzieht, daß die superiores actus bis zum novis-

tion der Früchte. Deshalb erwirbt bei der Separation das

simus actus in pendenti sind und erst durch ihn confirmirt werden, l. 18 D. comm. praed. (8. 4); und wenn nach dem Thatbestande eines Rechtsgeschäfts zu dem Errichtungsact demnächst noch eine anderweitige Thatsache hinzukommen muß, so bezeichnen sie diese als die conditio oder als den dies, bis zu dessen Eintritt das Geschäft gleichfalls in pendenti, und um deswillen ein negotium imperfectum bleibt, welches nur so lange existirt, als es durch den Willen seiner Subjecte getragen wird, l 9 § 1 D. de iure dot. (23. 3), l. 31 § 2 D. de donat. (39. 5), l. 7 D. de m. c. donat. (39. 6).(S. 14 ff.). In beiden Fällen kann aber sowohl die Willenserklärung wie die anderweitige Thatsache, welche eine conditio iuris für die Vollendung des Rechtsgeschäfts ist, durch die Willenserklärung des Disponenten, mit welcher es beginnt, zugleich eine conditio facti für das beabsichtigte Rechtsverhältniß werden (S. 17 ff.). Hier ist dann dem Begriff der conditio gemäß während der Pendenz des Geschäfts die gegenwärtige Existenz des Rechtsverhältnisses factisch in pendenti d. h. nach dem vom Recht noch nicht beherrschten Willen des Disponenten. Rechtlich wirksam wird dieser Wille erst mit der Perfection des Geschäfts; jetzt wird die Entstehung des Rechtsverhältnisses auf die Zeit zurückgezogen, wo das Geschäft angefangen hat. Anders bei einem bedingten Rechtsverhältniß aus einem perfecten Geschäft, welches rechtlich in pendenti ist, weil es sofort mit dem Abschluß des Geschäfts als ein in der Bildung begriffenes existirt; bei ihm wird nur seine durch die Erfüllung der Bedingung bewirkte Vollendung zurückgezogen. Daher sind auch die Wirkungen der Rückziehung hier und dort verschieden: hier werden alle Dispositionen über das zu erwerbende Recht, welche der Auctor während der Pendenz zum Nachtheil des Erwerbers getroffen hat, rückwärts ungültig, alle Dispositionen des Erwerbers aber rückwärts gültig (S. 33 ff. S. 42 ff.), dort bleiben jene gültig, und diese kommen nur soweit rückwärts zu rechtlicher Existenz, als sie mit den Dispositionen des Auctors nicht collidiren, weil der Erwerber dem unvollendeten Geschäft noch völlig rechtlos gegenüber steht (S. 18). So lange das Rechtsgeschäft noch im Werden ist, existirt nur ein Stück von ihm selbst, kein Rechtsverhältniß irgend einer Art, sobald aber das Rechtsverhältniß ins Leben tritt, ist das Rechtsgeschäft perfect, gleichviel ob aus ihm ein fertiges Rechtsverhältniß entsteht, oder ein unvollendetes, weil es ein bedingtes oder betagtes ist, das seine weitere Entwicklung erst von der Zukunft erwartet. Hier wird der Entwick-

2 *

Eigenthum an ihnen der Dominus; damit es von ihm auf den

lungsproceß des Rechtsgeschäfts durch den Entwicklungsproceß des Rechtsverhältnisses nicht verlängert; es muß sich vielmehr, damit dieser beginnen kann, jener vollenbet haben und dadurch der für ihn geltende
Grundsatz: das unvollenbete Rechtsgeschäft existirt nur durch den fortbauernben Willen seiner Urheber, außer Anwendung gesetzt sein. So
z. B. bei einem Kauf, aus dem die Contrahenten ihre Forderungen
als bedingte erwerben sollen. Hier ist das Rechtsgeschäft des Kauf-
vertrags mit dem Consens über Waare und Preis fertig (contractum negotium), die Bedingung mag auf Privatbisposition beruhen,
ober eine conditio iuris sein, aber die Rechtsverhältnisse, die Obligatio-
nen (emptio, venditio), welche durch ihn entstehen sollen, sind noch un-
vollenbet und, weil ihre Vollendung noch ungewiß ist, in pendenti,
l. 8 pr. D. de contr. empt. (18, 1), l. 55 § 9 D. de aed. edict.
21. 1. (S. 25).

Ob eine Thatsache eine Bedingung für die Vollendung des
Rechtsgeschäfts ober blos des Rechtsverhältnisses ist, das
hängt, abgesehen von singulären Vorschriften (S. 109 ff.), von der Will-
für der Personen ab, welche das Geschäft errichten, wenn die Thatsache
eine conditio facti ist, die sie selbst aufstellen, und wenn sie an sich
nur eine conditio iuris für die Vollendung des Rechtsverhältnisses ist; diese können sie unwanbeln in eine Bedingung für die
Vollendung des Rechtsgeschäfts. Dagegen eine für diese erforderliche Thatsache kann nur zugleich, und auch dies nicht überall (vgl.
S. 17. 18), zu einer conditio für das Rechtsverhältniß gemacht werden mit
den Wirkungen der factischen Pendenz.

Die Anwendung dieser für die unvollenbeten Geschäfte geltenden
Principien ist in meiner Schrift an den verschiebenartigsten Fällen aus
den Quellen nachgewiesen (S. 82—140). Es genügt hier folgende
Beispiele hervorzuheben. 1) Bei der donatio rerum unter Ehegatten
existirt der Errichtungsact von der Zeit, wo der bingliche Vertrag
der Tradition in der gesetzlichen Form geschlossen ist, c. 25 C. de donat.
i. u. e u. (5. 16). Dieser Vertrag bleibt aber bis zum Tobe des Schenkers ohne jede rechtliche Wirkung, l. 3 § 10 D. h. t. (24. 1). Deshalb ist er ein
negotium imperfectum, das durch den fortbauernben Willen der Contrahenten aufrecht erhalten werden muß, c. 18 C. h. t. (5. 16), l. 32 § 6 D. h.
t. (24. 1); der Tob des Schenkers gehört nach Rechtsvorschrift zu seinem
Thatbestande, ober, was dasselbe ist, er ist eine conditio iuris für die
Vollendung des Vertrags, weil erst jetzt durch denselben ein Rechts-

Pächter übergeht, muß dieser die Früchte voluntate domini

verhältniß entsteht. Diese conditio iuris für die Vollendung des Rechtsgeschäfts wird nun aber zugleich eine conditio facti für den Eigenthumserwerb, wenn der Schenker den Beschenkten schon vom Moment der Tradition zum Eigenthümer machen will: dann ist diesem Willen gemäß vom Moment der Tradition die gegenwärtige Acquisition des Eigenthums factisch in pendenti, c. 24 i. f. C. h. t. (5. 16), und es wird demgemäß beim Tode des Schenkers die Entstehung des Eigenthums für den Beschenkten auf die Zeit der Tradition zurückgezogen, c. 25 i. f. C. h. t. (5. 16), mit der Wirkung, daß die von ihm in〈...〉lichen über die tradirte Sache getroffenen Dispositionen rückwärts convalesciren, soweit sie mit den Dispositionen des Schenkers nicht collidiren, l. 11 § 9 D. h. t. (24. 1), l. 32 § 5 D. cod. c. 12. 13. 25 C. h. t. (5. 16), Nov. 162 c. 1 § 2. Dieselbe Gestalt erhält auch eine Schenkung unter andern Personen nach Uebereinkunft, wenn sie die dingliche Wirkung der Tradition bis zum Eintritt einer gewissen Thatsache suspendiren, l. 15 i. f. D. de manum. (40. 1). (S. 19. 24). — 2) Eine successive Vollendung der Tradition ist auch in der Weise möglich, daß sich der Errichtungsact getheilt vollzieht: die Besitzübertragung mit dem animus dominii transferendi kann der Besitzergreifung mit dem animus dominii accipiendi vorausgehen (S. 104). Will hier der Tradent, daß der Accipient schon vom Moment der Besitzübertragung Eigenthümer werden soll, so ist die Perception nicht blos eine conditio iuris für die Vollendung des dinglichen Vertrages, sondern zugleich eine conditio facti für den Eigenthumserwerb, der zufolge dieser nach der Perception auf die Zeit, wo die Tradition begonnen hat, mit den Wirkungen der factischen Pendenz zurückgezogen wird. Ein Beispiel dafür giebt der Fruchterwerb des Pächters, wie oben ausgeführt ist. — 3) Bei der constitutio dotis ante nuptias kann die Eingehung der Ehe blos eine Bedingung für die Vollendung des Rechtsverhältnisses sein. Dann ist die Tradition, durch welche die Dos bestellt wird, sofort ein perfecter dinglicher Vertrag. Seine Existenz ist bis zur Ehe nicht durch den fortdauernden Willen der Parteien bedingt, weil er sofort ein Rechtsverhältniß erzeugt: er giebt dem Accipienten begonnenes Eigenthum d. h. ein dingliches Recht, welches mit der Ehe Eigenthum wird. Nach älterem römischen Recht konnte die Ehe durch Uebereinkunft der Parteien auch zu einer conditio für die Vollendung des Rechtsgeschäfts gemacht werden, so daß die Tradition bis zur Ehe ohne jede dingliche Wirkung

percipiren[49]): nur wenn bei der Erklärung des animus do-

---

blieb und deshalb inzwischen durch den fortdauernden Willen der Parteien aufrecht erhalten werden mußte. Sollte die Ehe zugleich eine
conditio für den Eigenthumserwerb sein, so wurde dieser auch hier
mit den Wirkungen der factischen Pendenz zurückgezogen; sollte sie
dagegen ein dies für den Eigenthumserwerb sein, so cessirte die Rückziehung, und die Dispositionen des Accipienten über die tradirte Sache
aus der Zeit vor der Ehe blieben auch nach derselben ungültig
l. 9 § 1 D. de iure dot. (23. 3). (S. 22. 109 ff.). — 4) Nach justi-
nianischem Recht ist bei der Verabredung, der Käufer oder ein Dritter
solle das pretium feststellen, diese Preisbestimmung nur eine conditio iuris für die Vollendung der Kaufobligationen, nicht des Kauf-
vertrages; sie kann aber durch den Willen der Contrahenten auch in
eine Bedingung für die Vollendung des Rechtsgeschäfts umge-
wandelt werden c. 15 C. de contr. empt. (4. 38), l. 35 § 1 D. h. t.
18. 1). (S. 224),

Nach dieser Uebersicht stehen die in der obigen Beurtheilung aufgestellten Behauptungen, mit dem Inhalt meiner Schrift in Widerspruch.
Es ist in derselben gezeigt, daß das, was der Referent ein subjectives
Rechtsgeschäft nennt, nach den Quellen ein negotium imperfectum ist,
durch welches überhaupt kein Rechtsverhältniß entstehen kann, und daß das,
was er als ein objectives Rechtsgeschäft betrachtet, in den Quellen als
negotium contractum oder perfectum bezeichnet wird, aus welchem
nicht blos fertige, sondern auch unvollendete Rechtsverhältnisse hervorgehen können. Daraus erhellt, daß sich der Unterschied von unfertigen
Rechtsgeschäften und unfertigen Rechtsverhältnissen nicht blos durchführen läßt, sondern daß er in der Wissenschaft durchgeführt werden muß,
weil beide ihre besondere Theorie haben. Es ist ferner nachgewiesen,
daß es demgemäß zwei Arten von conditiones facti und conditiones
iuris giebt: solche von denen die Vollendung eines Rechtsgeschäfts, und
solche von denen blos die Vollendung eines Rechtsverhältnisses abhängt.
Dabei ist überall in Uebereinstimmung mit der heutigen Doktrin unter
conditio facti eine auf Privatdisposition, unter conditio iuris eine auf
Rechtsvorschrift beruhende Bedingung verstanden, und nicht willkürlich
und unterschiedslos, wie der Referent behauptet, bald mit dem einen
bald mit dem andern Begriff operirt. Er hat sich denn auch nicht veranlaßt gefunden, diese Behauptung durch den Hinweis auf eine meiner
Ausführungen zu bekräftigen.

49) l. 62 § 8 D. de furt. (47. 2)... et ideo colonum, q u i a

minii accipiendi in Form der Besitzergreifung der animus dominii transferendi des Verpächters noch fortdauert, kann sich die implicite mit dem Abschluß des Pachtcontracts begonnene Tradition vollenden [49 a]). Hiernach kommt, wenn die Früchte vor der Perception gestohlen werden, die condictio furtiua dem Verpächter zu; der Pächter hat nur die actio furti und die actio conducti, um die Anstellung der condictio furtiua vom Verpächter zu fordern [50]). Gleichwohl sind aber die Dispositionen, welche der Pächter vor der Besitzergreifung über die Früchte trifft, nach derselben keine Dispositionen über eine fremde Sache, weil der Verpächter sein Eigenthum schon vom Moment der Separation an den Pächter übertragen will. Dieser Wille macht die Perception, die an sich blos eine conditio iuris für die Vollendung der Tradition ist, zugleich zu einer stillschweigenden conditio facti für den Eigenthumserwerb des Pächters, die sich mit rückwirkender Kraft erfüllt: da von der Separation an sein gegenwärtiges Eigenthum an den Früchten in pendenti sein soll, so muß es nach der Perception auf diesen Zeitpunkt zurückgezogen werden. Die Pendenz ist aber nur eine factische, keine rechtliche; es tritt die Rückziehung für die Entstehung, nicht für die Vollendung des Eigenthums ein. Der Pächter hat kein begonnenes Eigenthum, welches durch die Perception perfect wird, sondern er ist noch ohne jede dingliche Berechtigung, weil die unvollendete Tradition eine solche

---

noluntate domini eos percipere nideatur, suos fructus facere.

49a) l. 55 D. de O. et A. (44. 7) In omnibus rebus, quae dominium transferunt, concurrat oportet affectus ex utraque parte contrahentium: nam siue ea nenditio siue donatio siue conductio siue quaelibet alia causa contrahendi fuit, nisi animus utriusque consentit, perduci ad effectum id, quod inchoatur, non potest.

50) l. 60 § 5 D. loc. (19. 2), l. 26 § 1 D. de furt. (47. 2).

nicht begründen kann[51]). Deshalb bleibt das Recht des Ver=
pächters von der Pendenz und Rückziehung unberührt; sie hindern
weder die definitive Gültigkeit der Dispositionen, welche er
über die Früchte trifft, noch den definitiven Erwerb der Rechte,
die in seinem Eigenthum ihren Grund haben. Sie bewirken
nur, daß die eigenen Dispositionen des Pächters, welche das
Eigenthum an den Früchten voraussetzen, auch factisch pendente
sind und durch die Rückziehung convalesciren, soweit ihnen
die Dispositionen des Verpächters nicht entgegenstehen. Es
tritt hier dasselbe Verhältniß ein wie bei einer Schenkung unter
Ehegatten, durch welche der Beschenkte, wenn die Tradition
durch den Tod des Schenkers perfect geworden ist, das Eigen=
thum rückwärts vom Moment der Besitzübertragung erhalten
soll[52]).

Auch der Usufructuar kann erst Eigenthümer der Früchte
werden, wenn er sie percipirt: da sein Recht nur ihm persön=
lich zum Vortheil gereichen soll, so darf er blos die Früchte
erwerben, welche er zu seinem Gebrauch in Besitz genommen
hat[53]). Diese Besitzergreifung muß aber eine von dem Willen

51) Demgemäß ist sie bis zur Perception widerruflich: l. 6 D. de
donat. (39. 5)... Sed si is qui a me emerat, sine mercede conduxerat,
ut paterer eum sibi iure eximere (sc. saxum ex fundo meo); si
antequam eximat, me paenituerit, meus lapis durat,
si postea, ipsius factum auocare non possum: quasi traditio enim
facta uidetur, cum eximitur domini uoluntate. l. 15 § 1, l. 25
§ 1 D. loc. cond. (19. 2).

52) l. 11 § 9 D. de donat. i. u. e. u. (24. 1). Si uxor rem,
quam a marito suo mortis causa acceperat, uiuo eo alii tradiderit,
nihil agitur ea traditione, quia non ante ultimum uitae tempus mulieris fuit. Plane in quibus casibus placeat, retro agi dona-
tionem, etiam sequens traditio a muliere facta in pendenti
habebitur. c. 25 C. h. t. (5. 16), c. 12. 13 C. eod. l. 32 § 5 D. eod.

53) l. 13 D. quib. mod. ususfr. (7. 4), l. 8 i. f. D. de ann.
legat. (33. 1).

des Dominus unabhängige sein, weil sein Recht auf die Früchte ein dingliches ist; statt durch Tradition müssen sie durch einseitige Perception in sein Eigenthum kommen⁵⁴). Hierüber bestand unter den römischen Juristen keine Meinungs= verschiedenheit; dagegen stritten sie über das Rechtsverhältniß der separirten Früchte bis zur Perception:

l. 12 § 5 D. de usufr. (7. 1) Ulp. l. 17 ad Sab. Julianus libro trigensimo quinto digestorum tractat, si fur decerpserit uel desecuerit fructus maturos pendentes, cui condictione teneatur, domino fundi an fructuario? et putat, quoniam fructus non fiunt fructuarii, nisi ab eo percipiantur, licet ab alio terra separentur, magis proprietario condictionem competere, fructuario autem furti actionem, quoniam interfuit eius fructus non esse ablatos. Marcellus autem movetur eo, quod, si postea fructus istos nactus fuerit fructuarius, fortassis fiant eius: nam si fiunt, qua ratione hoc euenit? nisi ea, ut interim fierent proprietarii, mox adprehensi fructuarii efficientur, exemplo rei sub conditione legatae, quae interim heredis est, existente autem conditione ad legatarium transit; uerum est enim condictionem competere proprietario. Cum autem in pendenti est dominium (ut ipse Julianus ait in fetu qui summittitur et in eo quod seruus fructuarius per traditionem accepit nondum quidem pretio soluto, sed tamen ab eo satisfacto), dicendum

---

54) Gegen die abweichende Ansicht Puchta's, Pand. § 150, und Böcking's, Pand. § 151. Note 8, vgl. Arudts, Pand. § 156 Anm. 1 und Windscheid, Pand. § 186 Anm. 6.

est condictionem pendere magisque in pendenti esse dominium [55]).

Nach Julian's Ansicht sollten die Früchte Eigenthum des Dominus werden unter der Resolutivbedingung, daß der Usufructuar sie percipirt. Diese Theorie führte zu folgendem Ergebniß: bei der Separation erwirbt der Dominus die Früchte pure [56]), für den Usufructuar entstehen aber gleichzeitig Zwecks Auflösung dieses Erwerbes zwei durch die Perception bedingte Rechte [57]), ein dingliches und ein obligatorisches. Das dingliche Recht ist begonnenes Eigenthum (spes), durch dessen Vollendung mit erfüllter Bedingung das Eigenthum des Dominus aufhört und in seiner ursprünglichen Beschaffenheit an den Usufructuar fällt [58]). Dieser Erwerb vollzieht sich aber ohne daß seine Vollendung auf die Zeit der Separation zurückdatirt wird, weil die Resolutivbedingung keine rückwirkende Kraft hat [59]): von der Separation bis zur

---

55) Die Schlußworte magisque etc. sind offenbar nicht correct; nach Mommsen's Ansicht müssen sie gestrichen, oder es muß gelesen werden: magisque sequi quod in pendenti est dominium.

56) Vgl. l. 2 pr. § 1 D. de in diem add. (18. 2), l. 2 § 4 D. pro empt. (41. 4).

57) Vgl. l. 3 D. de contr. empt. (18. 1), l. 1 pr. i. f. D. de donat. (39. 5).

58) l. 41 pr. D. de R. U. (6, 1), l. 8 D. de lege comm. (18. 3), c. 1. 3. 4 C. de pact. int. empt. et vend. (4. 54).

59) Vgl. meine cit. Abhandl. S. 53; eine flüchtige Anzeige derselben im Arch. f. civ. Pr. Bd. 54 S. 281 schreibt mir irrthümlich die entgegengesetzte Ansicht zu. — Neuerdings hat Jhering auch die rückwirkende Kraft der Suspensivbedingung wieder in Abrede gestellt in seiner in den Jahrbb. f. Dogm. Bd. 10 S. 387 ff. gleichzeitig mit meiner Schrift erschienenen Abhandlung über die passiven Wirkungen der Rechte, die sich vielfach auf den nämlichen Gebieten bewegt. Die von ihm aufgestellte Theorie der bedingten Rechtsverhältnisse weicht von der meinigen namentlich in folgenden Punkten ab:

1) Hinsichtlich des Entwickelungsprocesses, der sich bei ihnen

Perception ist nicht das gegenwärtige, sondern das künftige

vollzieht, vgl. a. a. O. S. 402. 463. 473. 537. Jhering nimmt an: aus jedem bedingten Rechtsverhältniß entstehe bei seiner Begründung zunächst nur die passive Seite des beabsichtigten Rechts d. i. der Zustand der Gebundenheit, in den die Sache oder die Person durch das Recht in seinem normalen Bestande versetzt werde, die active Seite d. i. dieses Recht selbst komme erst mit der Erfüllung der Bedingung zur Existenz; jene vorgängige Gebundenheit habe den Zweck, die nachfolgende Entstehung des Rechts gegen Vereitelung und Beeinträchtigung sicher zu stellen. Bei einer Vertragsobligation sub conditione suspensiva soll daher die Gebundenheit des Schuldners der Forderung des Gläubigers, und bei der Tradition unter einer Resolutivbedingung die Gebundenheit der Sache zu Gunsten des Rückerwerbers seinem dinglichen Recht vorausgehen. Nach meiner Ansicht existiren dagegen bei bedingten Rechtsverhältnissen aus vertragsmäßigen und aus letztwilligen Dispositionen beide Seiten des Rechts als in der Bildung begriffene neben einander. Der bedingte Erwerber erhält auch sofort ein Recht, das sich mit dem Eintritt der conditio zu einer Forderung oder zum Eigenthum u. s. w. entwickelt; hängt seine Vollendung von mehreren Bedingungen ab, die sich successive erfüllen müssen, so macht es verschiedene Entwickelungsstabien durch und kann während jedes Stadiums seine besondere juristische Natur haben. Dies ist von mir an dem pure und sub conditione hinterlassenen Forderungsvermächtniß nachgewiesen. Es giebt allerdings Verpflichtungen, die für den Schuldner vor irgend welchem Recht des Gläubigers beginnen, aber durch Vertrag und letztwillige Verfügungen können sie nicht begründet werden, sondern nur durch ein einseitiges Versprechen, und nur mit der Wirkung, daß sie widerruflich sind, bis für den Gläubiger ein Recht entstanden ist; inzwischen besteht deßhalb trotz der begonnenen Verpflichtung keine Gebundenheit des Schuldners. So verhält es sich bei Offerten an Abwesende, bis sie ihren Bestimmungsort erreicht haben, und bei Offerten an incertae personae bis der Oblat eine certa persona geworden ist, insbesondere bei der praepositio eines institor, bei der Auslobung und bei der Versteigerung; vgl. meine Abhandl. S. 28. 42. 58. 221—227;

2) hinsichtlich des Begriffs der Suspensivbedingung und der Bedeutung ihrer rückwirkenden Kraft, vgl. a. a. O. S. 534 ff. Jhering macht zwischen dem dies incertus und der Suspensivbedingung keinen Unterschied. Er hat z. B. bei der bedingten Tradition nur den Fall des dies incertus im Auge, wo der Accipient das

Eigenthum des Usufructuars in pendenti. Der Dominus

Eigenthum erwerben soll, wenn und von da ab, wo eine künftige ungewisse Thatsache eintritt; er übersieht den Fall der reinen conditio, wo
der Accipient durch den Eintritt dieser Thatsache schon vom Moment der
Tradition das Eigenthum erhalten soll, und deshalb dieser Intention
gemäß die Vollendung seines Erwerbes auf jenen Moment zurückdatirt
werden muß. Er verwirft die rückwirkende Kraft, weil die Sicherheit
gegen nachtheilige Verfügungen des Tradenten, welche durch sie erzielt
werden solle, schon durch die Gebundenheit der Sache vermittelt werde.
Darauf ist aber ihr Zweck nicht beschränkt. Sie soll auch die dinglichen
Dispositionen, welche der Accipient pendente conditione über die tradirte Sache getroffen hat, rückwärts zu definitiver Geltung bringen, und
auf ihn die veräußerten commoda, wie die incommoda des Eigenthums
von dem Zeitpunkt der Tradition übertragen. Gleichwohl wird durch
die Rückziehung nicht schlechthin das Verhältniß der Zwischenzeit um-
gekehrt. Sie wirkt stets nur auf die Rechte, welche den Gegenstand der
Veräußerung bilden. Die Klagen, welche vor erfüllter Bedingung durch
Verletzung des Eigenthums entstehen, hat der Tradent nicht veräußert;
deshalb kann auf ihre Anstellung die erfüllte Bedingung nicht zurück-
wirken. Ein perfectes Rechtsverhältniß wird durch die Rückziehung niemals aufgehoben, und ebensowenig wird durch sie ein Rechtsverhältniß
zur Existenz gebracht, welches, wie z. B. die Klagverjährung, pendente
conditione nicht beginnen kann. Dem Accipienten stehen daher die Klagen nur dann zu, wenn er das Eigenthum als ein verletztes erwirbt,
weil der Tradent die Klagen nicht angestellt hat. Sollen auch die Klagen in pendenti sein, so muß die Acquisition des Eigenthums in anderer Weise erfolgen, z. B. in der Art, wie es beim pure hinterlassenen Eigenthumsvermächtniß geschieht, wo der Erbe und der Legatar zugleich sub conditionibus contrariis die legirte Sache erwerben und in Folge dessen während der Pendenz überhaupt kein Dominus für dieselbe existirt, vgl. meine Abhandl. S. 33. 76. 42—48;

3) hinsichtlich der Wirkung der suspensiv bedingten Tradition nach röm. Recht, vgl. a. a. O. S. 527 ff. Jhering ist der
Meinung, die römischen Juristen seien nicht über eine obligatorische Gebundenheit des Tradenten hinausgekommen, die heutige Gebundenheit der Sache sei das Werk der modernen Jurisprudenz. Das Gegentheil ergiebt sich m. E. aus l. 8 D. de R. C. (12. 1) und l. 2 § 5
D. de donat. (39. 5). Die l. 9 § 1 D de J. D. (23. 3), auf die sich
Jhering stützt, handelt, wie schon oben (Note 48 a. E. sub 3)

bleibt deshalb auch nach der Perception des Usufructuars für

erwähnt ist, von einem Fall, wo nicht das Eigenthum, sondern das Geschäft der Eigenthumsübertragung in pendenti ist, vgl. meine Abhandl. S. 109.

Zwei andern Schriftstellern hat meine Darstellung Anlaß gegeben, die successive Entstehung bei den bedingten und betagten Rechtsverhältnissen in Abrede zu stellen: Wendt, Die Lehre von den bedingten Rechtsgeschäften S. 122 ff. und Sohm, Ueber Vertragsschluß unter Abwesenden in Goldschmidt's Zeitschr. f. Handelsr. Bd. 17 S. 374. Wendt argumentirt in folgender Weise: Nichts, was erst entsteht, existirt schon. Die successive entstehenden Rechtsverhältnisse sind daher noch nicht Rechtsverhältnisse. Deßhalb muß aus dem bedingten Rechtsgeschäft, da es sofort unmittelbare Wirkungen hat, auch sofort ein fertiges Rechtsverhältniß hervorgehen. Die Erfüllung der Bedingung schafft dann ein neues, ein anderes Rechtsverhältniß; dies entwickelt sich zwar aus dem bisherigen, demungeachtet ist aber das bisherige und das neue Rechtsverhältniß jedes für sich vollendet und abgeschlossen. Das Recht, welches pendente conditione vorhanden ist, ist wohl ein unvollkommenes d. h. von einem vollkommenen durch seinen intensiven Inhalt und sonstige Eigenschaften verschiedenes Recht, doch immer ein fertiges, nicht mehr in der Entwicklung begriffenes Recht.

Diese Ausführung übersieht, daß die Unvollkommenheit des Rechtsverhältnisses pendente conditione darin ihren Grund hat, daß das in Aussicht genommene Rechtsverhältniß nicht fertig ist, und daß sich mit dem Eintritt der Bedingung aus dem unvollkommenen Rechtsverhältniß das beabsichtigte vollkommene entwickelt, weil es jetzt fertig wird. Deßhalb vollzieht sich der Entwicklungsproceß nicht so, daß durch die Erfüllung der Bedingung das unvollkommene Rechtsverhältniß untergeht, um dem vollkommenen als einem neuen Platz zu machen, sondern durch successive Entstehung d. h. so, daß das bestehende Rechtsverhältniß aus einem imperfecten ein perfectes wird. Aus dem sub conditione geschlossenen Kaufvertrag entstehen sofort die beiden Kaufobligationen, von den Römern durch emptio uenditio bezeichnet, als nondum perfectae, und durch die Existenz der Bedingung wird diese emptio und diese uenditio perfect: l. 48 § 9 D. de aed. ed. (21. 1)... ante conditionem existentem inutiliter agitur, quia nondum perfecta emptio; l. 7 pr. D. de contr. empt. (18. 1)... conditionales uenditiones tunc perficiuntur, cum impleta fuerit conditio; l. 10 § 5 D. de iure dot. (23. 3)... cum sit conditionalis uendi-

die Zwischenzeit Eigenthümer der Früchte[60]). Die von ihm an benselben bestellten iura in re werden mit der Perception des Usufructuars nicht ab initio ungültig, sondern enbigen zugleich mit seinem Eigenthum[61]); und die übrigen Wirkungen seines Eigenthums werden nur, wie bei der Redhibition auf Grund des äbilitischen Edicts, durch einen obligatorischen Anspruch rückgängig[62]), nach welchem er dem Usufructuar die pendente conditione gezogenen Früchte zu restituiren und alle wegen derselben noch nicht angestellten Klagen zu cebiren hat[63]).

Das Vorbild für diese Theorie bildete die Ansicht der Sabinianer über die Wirkungen des unbedingten Vindicationslegats[64]). Wie nach ihr der Legatar mit dem Erbschaftsan-

tio, pendente autem conditione mors contingens extinguat uenditionem, consequens est dicere mulieri periisse, quia nondum erat impleta ueuditio. Hiernach entspricht es dem römischen Recht, eine bedingte Forderung als eine obligatio imperfecta zu bezeichnen, die noch in der Entwicklung begriffen ist.

Sohm, der auf die citirten Stellen keine Rücksicht nimmt und im Widerspruch mit l. 8 pr. D. de contr. empt. (18. 1) unter emptio uenditio den Kaufcontract versteht, bestreitet die successive Entstehung, weil es nach ihr nicht blos ein Forderungsrecht, ein Eigenthumsrecht u. s. w. geben würde, sondern eine unendliche Menge von ihrem Wesen nach verschieden gearteten Forderungsrechten u. s. w., ein bereits ein Viertel, ein bereits ein Halb, ein bereits drei Viertel entwickeltes Forberungsrecht u. s. w. Solche verschieden geartete Rechte giebt es in der That. Es ist oben schon erwähnt, daß die Vermächtnißobligation mehrere Entwicklungsstadien durchläuft, und in jedem Stadium diejenige rechtliche Natur hat, welche dem Maße ihrer Entwicklung entspricht; mit der Elle läßt sich dieses Maß aber nicht bestimmen.

60) Vgl. l. 4 § 3 D. de in diem add. (18. 2).
61) Vgl. l. 3 D. quib. mod. pign. (20. 6), l. 31 D. de pign. (20. 1).
62) Vgl. l. 6 § 1 D. de div. temp. praescr. (44. 3).
63) l. 6 pr. D. de in diem add. (18. 2), l. 4 § 4 D. eod.
64) Gaius II. 195.

tritt die vermachte Sache pure ohne sein Wissen und Wollen unter der Resolutivbedingung der Repudiation erwerben und eventuell zu Gunsten des Erben wieder verlieren sollte, als ob sie ihm nicht hinterlassen wäre, ebenso sollte beim Usufructus zunächst der Dominus die separirten Früchte erhalten, durch die Perception des Usufructuars aber sein Eigenthumserwerb mit allen bisherigen Wirkungen wieder aufgehoben werden.

Dies Verhältniß steht mit dem Recht des Usufructuars in Widerspruch. Es giebt dem Dominus bis zur Perception statt der nuda die plena proprietas und wandelt in Folge dessen den dinglichen Anspruch des Usufructuars zum Theil in einen obligatorischen um. Während er kraft seines ius in re, wie die Früchte, auch die fructus fructuum und die Eigenthums= klagen wegen Beschädigung oder Entziehung der Früchte ohne Mitwirkung des Dominus erwerben muß, stellte ihn Julian hinsichtlich dieser Accessionen einem Pächter gleich; er gab ihm nur eine Forderung auf Tradition und Cession.

Marcellus wollte das Rechtsverhältniß des Usufruc= tuars nicht nach Analogie des unbedingten, sondern des be= dingten Vindicationslegats bestimmt wissen. Ob er demunge= achtet in den Resultaten mit Julian vollständig überein= stimmte und dessen Ansicht nur auf andere Weise zu begrün= den beabsichtigte, oder ob seine Theorie zu abweichenden Con= sequenzen führte, läßt sich mit Sicherheit aus der citirten Stelle nicht entnehmen.

Mit dem bedingten Vindicationslegat können sich nach der verschiedenen Intention des Erblassers verschiedene Wirkun= gen verbinden [65]). Die Intention kann dahin gerichtet sein, daß das Eigenthum der legirten Sache vom Erbschaftsantritt

---

[65] Vgl. meine Abhandl. S. 75 ff.

bis zur Existenz der Bedingung an den Erben, und erst von da ab an den Legatar kommen soll. In diesem Fall muß die conditio, um die Rückziehung auszuschließen, für den Erwerb des Legatars ein dies incertus, und für den Erwerb des Erben eine Resolutivbedingung werden [66]), ihre Erfüllung daher folgende Wirkung haben: die vom Erben bestellten iura in re erlöschen nicht rückwärts seit dem Erbschaftsantritt, sondern erst von dem Zeitpunkt, wo die Agnition des Legatars erfolgt ist [67]), und die vom Erben gezogenen Früchte fallen wie die durch Verletzung seines Eigenthums erworbenen Klagen dem Legator nicht ipso iure zu, sondern werden ihm nur geschuldet, weil der Erbe für die Zwischenzeit (interim) Eigenthümer der legirten Sache bleibt [68]). Daß diese Wirkungen in der Absicht des Erblassers liegen, muß, wie die Sabinianer mit Recht annahmen [69]), im Zweifel präsumirt werden: da durch seinen Willen die Bedingung dem Vermächtniß hinzugefügt ist, so erleidet der Erwerb des Vermächtnisses durch seinen Willen eine Verzögerung, wenn sich die Bedingung beim Erbschaftsantritt noch nicht erfüllt hat [70]). Die Intention des Erblassers kann aber auch eine

66) l. 29 § 1 D. qui et a quib. manum. (40. 9).

67) l. 11 § 1 D. quemadm. seru. amitt. (8. 6), l. 105 D. de condit. (35. 1), l. 13 § 1 D. de pignor. (20. 1).

68) l. 16 D. quib. mod. ususfr. (7. 4)... medioque tempore sit penes heredem. l. 1 § 4 D. de SC. Silan. (29. 5)... nam medio tempore heredis sunt, nec quod conditio existens efficit, ut desinant heredis esse, facit ne uideantur interim eius. l. 82 pr. D. de legat. (30)... existente conditione discessurum sit a me dominium.

69) Gaius II 200.

70) Aus diesem Grunde wurde auch beim statuliber die conditio als dies incertus behandelt: l. 26 § 5 D. de fideic. libert. (40. 5) ... quia horum alia conditio est: non enim moram fortuitam, sed ex uoluntate testantis passi sunt. l. 26 § 4 D. eod. l. 9

andere sein. Sie kann auch dahin gehen: der Legatar soll die vermachte Sache, wenn er sie erwirbt, schon ex die aditae hereditatis erwerben, und demgemäß der Erbe pendente conditione nur provisorisch (interim in diesem Sinne) Eigenthümer gewesen sein. In diesem Fall ist die conditio eine reine Bedingung, die sich mit rückwirkender Kraft erfüllt: die vom Erben bestellten iura in re werden ab initio ungültig, die von ihm gezogenen Früchte stehen im Eigenthum des Legatars, und die von ihm noch nicht angestellten Klagen gehen ipso iure auf diesen über[71]).

Von diesen beiden Fällen konnte Marcellus den einen wie den andern vor Augen haben, wenn er, wie Ulpian berichtet, von der Erwägung ausging: der Usufructuar werde nur unter der Bedingung der Perception Eigenthümer der Früchte und, falls sich diese Bedingung erfülle, nur aus dem Grunde, weil sie inzwischen dem Dominus gehörten. Dachte

pr. D. de statul. (40. 7). Bis zum Eintritt der Bedingung steht der statuliber im Eigenthum des Erben, aber es ist bereits der Verlust dieses Eigenthums in pendenti, weil für den Sklaven das Recht der Persönlichkeit in pendenti ist, d. h. weil der Erwerb dieses Rechts für ihn bereits begonnen hat in Gestalt einer rechtlich geschützten Hoffnung [statuliber spem suam retinebit, l. 8 § 1 D. de quaest. (48. 18), l. 2 pr. D. de statul. (40. 7)]. die an ihm als eine causa immutabilis haftet, l. 9 § 1. 3 D. de statul. (40. 7); die Vollendung seines Erwerbs vollendet für den Erben den Verlust des Eigenthums. An diesem begonnenen Rechtserwerb für den Sklaven hat die römische Jurisprudenz keinen Anstoß genommen, weil quod pendet, non est pro eo, quasi sit, l. 169 § 1 D. de R. J. (50. 17); in meiner Abhandlung Note 106 ist dieser Satz nicht beachtet und in Folge dessen das Rechtsverhältniß des statuliber falsch construirt. Jhering a. a. O. S. 396. 498 ff. nimmt auch hier nur eine passive Gebundenheit für das Eigenthum des Erben an, aus der erst mit dem Eintritt der Bedingung ein Recht für den Sklaven hervorgeht; ebenso beim bedingten Vindicationslegat.

71) c. 3 § 2 C. comm. de legat. (6. 43); vgl. meine Abhandl. S. 77 ff.

er an den ersten Fall, so hatte seine Theorie mit der Ju=
lian's gleiche Wirkungen: für den Erwerb des Usufructuars
war dann die Perception ein dies incertus, für den Erwerb
des Dominus eine Resolutivbedingung. Der Dominus mußte
also bei der Separation die Früchte pure erwerben, und der
Usufructuar gleichzeitig, um diesen Erwerb wieder aufzulösen,
zwei durch die Perception bedingte Rechte erhalten, ein dingliches,
welches mit erfüllter Bedingung das Eigenthum an den Früch=
ten in seiner Beschaffenheit zur Zeit der Separation vom Do=
minus an den Usufructuar bringt, und ein obligatorisches, ver=
möge dessen er die Tradition der fructus fructuum und die
Cession der noch nicht angestellten Klagen vom Dominus for=
dern kann. Dachte er dagegen an den zweiten Fall, so sollte
von der Separation bis zur Perception der Früchte nicht das
künftige, sondern das gegenwärtige Eigenthum des Usufruc=
tuars in pendenti sein, und demnach für beide Theile dasselbe
Verhältniß eintreten, wie bei einer bedingten Tradition: der
Dominus sollte mit der Separation das Eigenthum an den
Früchten erwerben, gleichzeitig von ihm aber der Usufruc=
tuar unter der Suspensivbedingung der Perception. Wäh=
rend der Pendenz hat der Dominus auch hier alle Rechte, wel=
che sich aus dem Eigenthum ergeben: er kann iura in re
an den Früchten bestellen, er kann alle Klagen anstellen, welche
durch Verletzung seines Eigenthums entstehen, und die von den
Früchten gezogenen Früchte werden von ihm erworben. Er=
füllt sich aber die Bedingung, so ist sein Eigenthum nur ein
provisorisches gewesen, weil das bisher unvollendete und
ungewisse Eigenthum des Usufructuars rückwärts perfect und
gewiß geworden ist. Daher werden jetzt alle seine dinglichen
Dispositionen ab initio wirkungslos, die fructus fructuum
gehören ab initio dem Usufructuar, und die noch nicht an=
gestellten oder noch anhängigen Klagen stehen demselben ipso

iure zu. Eine bereits vom Dominus durchgeführte Klage wird aber von der Rückziehung nicht berührt; was er mit ihr erhalten hat, kann für den Ususructuar nur Gegenstand einer Forderung werden.

Durch die letzte Consequenz erlitt die dingliche Natur des Ususructus auch nach der zweiten Theorie immer noch eine Beeinträchtigung. Diese ließ sich nur beseitigen, wenn selbst der provisorische Erwerb der Früchte für den Dominus aus= geschlossen wurde. Dazu war eine analoge Construction erfor= derlich wie beim unbedingten Vindicationslegat nach der reci= pirten Theorie der Proculianer[72]). Nach ihr wird die legirte Sache mit dem Erbschaftsantritt zugleich vom Erben und vom Legatar sub conditione erworben: dieser erwirbt sie unter der conditio iuris, daß er das Vermächtniß agnoscirt, jener sub conditione contraria, also unter der Bedingung der Repudiation. Pendente conditione gehört sie daher noch keinem von beiden: interim nullius est[73]). Jeder hat nur ein in der Bildung begriffenes Eigenthum, welches mit dem Eintritt der Bedingung durch Rückziehung ex die aditae here- ditatis perfect wird[74]) Deßhalb ist inzwischen auch der Erwerb der Früchte und der Klagen, welche durch eine Eigenthums= verletzung begründet werden, in pendenti; wie der Erwerb der legirten Sache vollendet er sich für den Legatar durch die Agnition, für den Erben durch die Repudiation mit rückwir=

---

72) Gaius II. 195.

73) Gaius II. 200.

74) l. 8 D. de R. C. (12. 1) . . . si legatam pecuniam heres crediderit, deinde legatarius eam noluit ad se pertinere, quia here- dis ex die aditae hereditatis videntur nummi fuisse, ut credita pecunia peti possit; . . . et traditiones ab herede factas ad id tempus redigi, quo hereditas adita fuerit, cum repudiatum sit legatum aut adpositum.

3 *

kender Kraft [75]). In derselben Weise muß beim Ususfructus, wenn er die Wirkungen eines dinglichen Rechts haben soll, das Eigenthum an den separirten Früchten und folgeweise der Erwerb der Eigenthumsklagen und der fructus fructuum zugleich für den Usufructuar und für den Dominus in pendenti sein: jener muß die Früchte unter der conditio iuris der Perception, dieser sub conditione contraria erwerben, und das damit für beide begonnene Eigenthum je nach dem Ausfall der Bedingung rückwärts vom Moment der Separation für den Einen perfect, für den Andern aufgehoben werden. Für diese Ansicht, nach welcher der Erwerb für beide Theile ein originärer ist, erklärte sich deshalb mit Recht Ulpian unter dem Hinweis, daß in zwei ganz analogen Fällen schon

75) l. 86 § 2 D. de legat. (30). Cum seruus legatur, et ipsius serui status et omnium, quae personam eius attingunt, in suspenso est: nam si legatarius repulerit a se legatum, nunquam eius fuisse uidebitur, si non repulerit, ex die aditae hereditatis eius intellegetur. Secundum hanc regulam et de iure eorum, quae per traditionem seruus acceperit aut stipulatus fuerit, deque his, quae legata ei uel donata fuerunt, statuetur, ut uel heredis uel legatarii seruus singula gessisse existimetur. l. 44 § 1 D. eod... ubi legatarius non repudiauit. retro ipsius fuisse uidetur, ex quo hereditas adita est, si uero repudiauerit, retro uidetur res repudiata fuisse heredis. Diese Stellen widerlegen die Ansicht Jhering's a. a. O. S. 476 ff., es sei die Theorie der Proculianer wie der Sabinianer eine bloße Schulmeinung ohne praktische Realität gewesen; auch beim unbedingten Vermächtniß müsse das Eigenthum der legirten Sache bis zur Agnition des Legatars an den Erben kommen, weil er sonst in der Zwischenzeit keinen petitorischen Schutz habe. Diesen Schutz soll der Erbe nach dem Willen des Erblassers nur haben, wenn der Legatar repudiirt. Aber ein Nachtheil soll ihm daraus nicht erwachsen; deshalb muß sich der Legatar binnen einer arbiträren Frist über die Annahme des Vermächtnisses entscheiden, l. 13 D. de solut. (46. 3); eventuell kann der Erbe auf Grund der bonorum possessio gegen Caution auch aus Erbschaftsrechten klagen, die er nur sub conditione erworben hat.

Julian eine solche Pendenz des Eigenthums habe eintreten lassen: bei der Tradition an einen seruus fructuarius, bis fest stand, aus wessen Vermögen er den Preis für die tradirte Sache zahlen werde, und bei den Jungen von einer im Nieß= brauch stehenden Heerde, bis die bei ihrer Geburt vorhandene Lücke in der Heerde durch sie ausgefüllt war [76]). Von dem ersten Fall ist in folgenden Stellen näher die Rede:

l. 25 § 1 D. de usufr. (7. 1) Ulp. l. 18 ad Sab.

Interdum tamen in pendenti est, cui adquirat iste fructuarius seruus: ut puta si seruum emit et per traditionem accepit necdum pretium numerauit, sed tantummodo pro eo fecit satis, interim cuius sit, quaeritur. Et Iulianus libro trigensimo quinto digestorum scripsit in pendenti esse dominium eius et numerationem pretii declaraturam, cuius sit: nam si ex re fructuarii, retro fructuarii fuisse.

l. 43 § 2 D. de A. R. D. (41. 1) Gaius l. 7 ad ed. prou.

---

76) Es war von jeher bestritten, mit welchen Worten die Mei= nungsäußerung Ulpian's in der l. 12 § 5 cit. beginnt, ob er durch den Satz: uerum est enim condictionem competere proprietario die Ansicht des Marcellus adoptirt, oder ob diese Worte, wie hier ange= nommen ist, noch zu dem Citat aus Marcellus gehören, und Ul= pian sich in dem folgenden Satz für die Pendenz der condictio furtiua erklärt; vgl. darüber Göppert a. a. O. S. 304 ff., der selbst, wie Fitting, Die Rückziehung S. 24 ff., annimmt, Ulpian stimme dem Marcellus bei und stelle nur, um den Unterschied zu zeigen, die gleiche Frage nach der condictio furtiua in solchen Fällen daneben, wo wirklich das dominium in pendenti sei. Diese Interpre= tation schließt der Nachweis aus, daß die dingliche Natur des Ususfruc= tus die Pendenz in allen Fällen fordert. Wenn dies feststeht, so läßt der Schluß der Stelle überhaupt keine mehrfache Deutung zu; er spricht jenes Princip mit dem Bemerken aus, daß die Pendenz in einzelnen Fällen schon von Julian anerkannt sei.

.... in pendenti est, cui proprietatem adquisierit:
et cum ex peculio, quod ad fructuarium pertinet, soluerit, intellegitur fructuarii homo fuisse: cum uero ex
eo peculio, quod proprietarium sequitur, soluerit, proprietarii ex postfacto fuisse uidetur.

> l. 43 § 10 D. de aed. ed. (21. 1) Paul. l. 1 ad
> ed. aed.

Interdum etiamsi pura sit uenditio, propter iuris conditionem in suspenso est, ueluti si seruus, in quo alterius ususfructus, alterius proprietas est, aliquid emerit: nam dum incertum est, ex cuius re pretium soluat,
pendet, cui sit adquisitum, et ideo neutri eorum redhibitoria competit.

Für Sclaven, welche im Nießbrauch standen, galt der
Grundsatz: Erwerbungen, welche sie ex re fructuarii uel
ex operis suis machen, fallen an den Usufructuarius kraft
seines ius in re, Erwerbungen dagegen, für welche sie die
Gegenleistung aus dem Vermögen des Dominus entnehmen, kom=
men an diesen kraft seines Eigenthums[77]. Hiernach mußte
eine dem seruus fructuarius verkaufte und tradirte Sache
bis zur Zahlung des Preises zugleich vom Usufructuar und
vom Dominus sub conditione erworben werden, und deshalb
für beide auch der Erwerb der Früchte in pendenti sein und
ebenso der Erwerb der Klagen wegen Verletzung des Eigen=
thums wie wegen Mängel der Sache ex aed. edicto: der
Usufructuar mußte das Eigenthum unter der conditio iuris,
daß die Zahlung aus seinem Peculium erfolgen werde, der
Dominus sub contraria conditione erhalten, und je nachdem

---

77) Gaius III. 164. 165, l. 10 § 3 D. de A. R. D. (41, 1), l.
3. 4 D. de oper. seru. (7. 7). Ueber unentgeltliche Erwerbungen vgl.
Gaius II. 91. l. 21 D. de usufr. (7. 1).

sich diese oder jene Bedingung erfüllte das eine der begonnenen Eigenthumsrechte rückwärts vom Moment der Tradition perfect werden, das andere als ein in der Bildung begriffenes untergehen. Denn ließ man die Sache zunächst an den Dominus kommen unter der Resolutivbedingung, daß der Preis mit dem Gelbe des Usufructuars bezahlt werde, so konnte dieser auf die Früchte und Klagen, welche der Dominus pendente conditione erworben hatte, nur einen obligatorischen Anspruch haben; sie konnten nicht ipso iure an ihn gelangen, wie es sein dingliches Recht fordert. Und ebenso würde man dem Dominus zu nahe getreten sein, wenn man unter der Resolutivbedingung, daß mit seinem Gelbe die Zahlung geschehe, zunächst auf den Usufructuar das Eigenthum hätte übergehen lassen; dann hätte der Dominus auf die Früchte und Klagen, welche ihm direct zufallen mußten, nur eine Forderung gehabt.

Die Erwägung, daß auf die Ansprüche beider Theile gleichmäßig Rücksicht zu nehmen sei, war auch für die Construction des Verhältnisses beim ususfructus gregis maßgebend.

Da der Usufructuar das ius utendi fruendi nur salua rei substantia hat, so ist er beim Nießbrauch einer Heerde verpflichtet, die abgängigen Thiere aus dem Nachwuchs zu ersetzen[78]). Für die Erfüllung dieser Verbindlichkeit würde eine bloße Forderung dem Dominus nicht die erforderliche Garantie geben; er bedarf zum Schutz seines Eigenthums neben ihr eines dinglichen Rechts an den Jungen der Heerde. Auf Grund desselben muß er die zur Ergänzung freiwillig oder nach angestellter Klage ausgewählten Jungen frei von allen dinglichen Rechten erwerben, welche der Usufructuar vor der

---

78) § 38 J. de R. D. (2. 1), l. 68 § 2 D. de usufr. (7. 1).

Auswahl an ihnen eingeräumt hat, damit die factische Ergänzung auch mit der beabsichtigten rechtlichen Wirkung eintritt [79]). Ohne dieses Recht würde die vor der Ergänzung erfolgte Veräußerung der Jungen auch nach derselben gültig bleiben, und ein vor derselben bestelltes Pfandrecht, wie ein vor derselben bestellter Nießbrauch auch nach derselben fortdauern. Es wäre also dem Usufructuar einerseits die rechtliche Möglichkeit gegeben, dem Dominus successive sein Eigenthum zu entziehen und ihn nach dem Abgange der ursprünglichen Heerdenthiere auf eine Forderung aus der cautio usufructuaria zu beschränken, andererseits könnte er den Usufructus successive auf andere Personen transferiren. Die römischen Juristen mußten daher für den Dominus eine dingliche Berechtigung construiren, der gegenüber die Dispositionen des Usufructuars nur gültig sind, sofern er die zum Ersatz erforderlichen Jungen reservirt hat. Sie argumentirten zu diesem Zweck in folgender Weise:

Ist zur Zeit, wo die Jungen geboren werden, keine Lücke in der Heerde, so fordert das Recht des Usufructuars, daß sie durch die Separation in sein Eigenthum kommen, sofern er mit ihr den Besitz an ihnen erworben hat [80]); zugleich for-

---

[79] l. 70 § 5 D. de usufr. (7. 1). Summittere autem facti est, et Julianus proprie dicit dispertire et dividere et divisionem quandam facere: quo (die Handschr. haben quod, vgl. Mommsen) dominium erit summissorum proprietarii.

[80] Bei Thierjungen fordert der Besitzerwerb nur, daß sie mit der Separation in die Custodia des Usufructuars kommen: denn diese Früchte werden im Leben nicht wie andere, die man für sich gebrauchen will, eingesammelt. Das römische Recht hätte sich daher mit dem Leben in Widerspruch gesetzt, wenn es auch bei Thierjungen den Eigenthumserwerb des Usufructuars von einer wirklichen Besitzergreifung (perceptio) abhängig gemacht hätte; das ius naturale fordert, daß er hier unter der erwähnten Voraussetzung schon separatione eintritt: l. 28 pr. D. de usur. (22. 1)...Itaque agni et haedi et vituli statim pleno iure

dert aber das Recht des Dominus, daß sich der Erwerb des
Ufufructuars wieder auflöst, wenn später eine Ergänzung der
Heerde nöthig wird, also daß er unter dieser Resolutivbedingung
erfolgt, soweit die Jungen zur Ergänzung gebraucht werden.
Besteht dagegen bei ihrer Geburt bereits eine Lücke in der
Heerde, so kann ein perfecter Eigenthumserwerb für den Ufu=
fructuar nicht Statt finden: denn hier ist die Bedingung, unter
welcher derselbe zu Gunsten des Dominus rückgängig werden
muß, bis auf die Auswahl des Ersatzes schon eingetreten, und
die verzögerte Auswahl darf den Zeitpunkt, von welchem der
Dominus Eigenthümer der ausgewählten Stücke wird, nicht
hinausschieben.   Deshalb müssen die Jungen bei der Separa=
tion zugleich vom Dominus und vom Ufufructuar sub conditione suspensiua erworben werden: vom Dominus unter
der Bedingung, daß demnächst ihre Auswahl zum Ersatz er=
folgt, vom Ufufructuar sub conditione contraria[81]).   Dann

sunt bonae fidei possessoris et fructuarii. § 37 J. de R. D.
(2. 1) ... agni et haedi et uituli et equuli statim naturali
iure dominii sunt fructuarii. Vgl. Böding Pand. § 151 S. 133.
Manche Juristen halten auch diesen Stellen gegenüber die Behauptung
aufrecht, der Ufufructuar erwerbe an Thierjungen wie an andern Früch=
ten das Eigenthum nur durch Perception, z. B. Windscheid
Pand. § 186 Note 5 und Göppert a. a. O. S. 287; vgl. dagegen
v. Wächter, Das schwebende Eigenthum S. 11 Note 3, der die Abwei=
chung daraus erklärt, daß Thierjunge sich ordnungsmäßig ohne menschli=
liche Thätigkeit von der fruchttragenden Sache trennen. Allein eine
solche ordnungsmäßige Trennung findet auch bei Früchten Statt, die
abfallen, weil sie reif sind; gleichwohl wird der Ufufructuar hier erst
durch Perception Eigenthümer, weil man solche Früchte einsammelt, wenn
man sie haben will: l. 13 D. quib. mod. ususfr. (7. 4) ... sed
ut uerum est, quod de olea excussa scripsit, ita aliter ob-
seruandum de ea olea, quae per se deciderit.
    81) Eine andere Construction des Verhältnisses müßte eintreten,
wenn der Ufufructuar auch an Thierjungen erst durch Perception das
Eigenthum erwürbe. Vgl. v. Wächter a. a. O. S. 15 Note 4.

kommen bie ausgewählten rückwärts vom Moment ihrer Geburt befinitiv in's Eigenthum bes Dominus, unb bie übrigen erwirbt rückwärts ber Usufructuar, aber unter berselben Resolutivbebingung, wie wenn bie Heerbe bei ber Geburt ber Jungen ihren vollen Bestanb hat.

Ursprünglich wurbe ber letzte Fall von bem ersten nicht unterschieben. Erst Julian begründete für ihn bie Penbenz sub conditionibus contrariis. Pomponius gab noch in beiben Fällen bis zur Summission bas Eigenthum bem Usufructuar, unb bamit bem Dominus auf bie inzwischen entstanbenen Accessionen stets nur eine Forberung [82]):

l. 68 § 2 D. de usufr. (7. 1) Ulp. l. 17 ad Sab.

Plane si gregis uel armenti sit ususfructus legatus, debebit ex adgnatis gregem supplere, id est in locum capitum defunctorum

l. 69 D. eod. Pomp. l. 5 ad Sab.

uel inutilium alia summittere, ut pro substitutis fiant priora fructuarii [83]), ne lucro ea res cedat domino. Et sicut substituta statim domini fiunt, ita priora quoque ex natura fructus desinunt eius esse: nam alioquin quod

---

[82]) Bei ber Interpretation ber nachfolgenben Stellen ist von jeher übersehen, baß ber Dominus zum Schutz seines Eigenthums an ber Heerbe als universitas eines binglichen Rechts an ben Jungen bebarf, unb baß bieses bingliche Recht auch von Pomponius anerkannt wurbe in Gestalt eines Eigenthumserwerbs sub conditione resolutiua. Die Praxis hat ebenfalls stets nur eine obligatorische Summissionspflicht bes Usufructuars angenommen unb ben nach Julian's Ansicht recipirten Fall ber Penbenz unbeachtet gelassen, vgl. Göppert a. a. O. S. 301 ff. u. v. Wächter a. a. O. S. 12 ff.

[83]) So ist nach bem Vorschlage Mommsen's zu lesen statt: ut post substituta fiant propria fructuarii.

nascitur fructuarii est et cum substituit, desinit eius esse.

l. 70 pr. D. eod. Ulp. l. 7 ad Sab.

Quid ergo si non faciat [nec suppleat] [84])? teneri eum proprietario Gaius Cassius scribit libro decimo iuris civilis. § 1. Interim tamen, quamdiu summittantur et suppleantur capita quae demortua sunt, cuius sit fetus quaeritur. Et Iulianus libro tricensimo quinto digestorum scribit pendere eorum dominium, ut, si summittantur, sint proprietarii, si non summittantur, fructuarii: quae sententia uera est.... § 4. Item si forte eo tempore, quo fetus editi sunt, nihil fuit quod summitti deberet, nunc est post editionem: utrum ex his quae edentur summittere debebit, an ex his quae edita sunt, uidendum est. Puto autem uerius ea, quae pleno grege edita sunt, ad fructuarium pertinere, sed posteriorem gregis casum nocere debere fructuario.

Paul. R. S. III. 7. 20: Gregis usufructu legato, grege integro manente, fetus ad usufructuarium pertinent, salvo eo, ut quicquid gregi deperierit ex fetibus impleatur.

Schwierigkeiten, wie sie sich beim Ususfructus mit der Frage verbanden, welche Berechtigung dem Dominus bei der Separation der Früchte zukommen müsse, konnten sich bei der Emphyteusis überhaupt nicht erheben. Da sich die Nutzung nicht an die Person des Emphyteuta knüpft, so verstand es sich von selbst, daß er den Dominus von jeder Berechtigung ausschlie=

---

84) Die Worte nec suppleat sind als überflüssig zu streichen, vgl. Mommsen.

ßen und in percipiendis fructibus selbst das ius, quod dominis praediorum tributum est, haben mußte.

Hiernach sind die verschiedenen Voraussetzungen, unter welchen der Fruchterwerb für den Usufructuar und für den Emphiteuta erfolgt, nur Consequenzen, welche sich aus der verschiedenen Beschaffenheit ihres ius in re ergeben. Sie beruhen auf der ciuilis ratio [81a]).

Anders verhält es sich beim b. f. possessor. Für ihn läßt sich der Fruchterwerb durch juristische Consequenz nicht begründen, weil er kein Recht an der fruchttragenden Sache hat, aus welchen derselbe abgeleitet werden kann. Die römischen Juristen führen ihn deshalb auch nicht auf die ciuilis, sondern auf die naturalis ratio zurück. Nach ihr soll der b. f. possessor das ius, quod dominis tributum est, haben, und deshalb wie der Emphyteuta sofort bei der Separation die Früchte erwerben, aber nicht mit gleicher Wirkung: definitiv nur die fructus consumpti, die fructus exstantes blos provisorisch, damit der Dominus sie noch vindiciren kann:

l. 25 § 1 D. de usur. (22. 1) Iulian. l. 7 Dig. In alieno fundo, quem Titius bona fide mercatus fuerat, frumentum seui: an Titius bonae fidei emptor perceptos fructus suos faciat? Respondi, quod fructus qui ex fundo percipiuntur intellegi debent propius ea accedere, quae serui operis suis adquirunt, quoniam in percipiendis fructibus magis corporis ius ex quo percipiuntur quam seminis, ex quo oriuntur aspicitur: et ideo nemo unquam dubitauit, quin, si in meo fundo frumentum tuum seuerim, segetes et quod ex messibus collectum fuerit meum fieret. Porro bonae fidei possessor in per-

---

81a) Ueber die bisherigen Versuche, den Separations- und den Perceptionserwerb zu begründen vgl. Göppert a. a. O. S. 314 ff.

cipiendis fructibus id iuris habet, quod dominis praediorum tributum est. Praeterea cum ad fructuarium pertineant fructus a quolibet sati, quanto magis hoc in bonae fidei possessoribus recipiendum est, qui plus iuris in percipiendis fructibus habent? Cum fructuarii quidem non fiant, antequam ab eo percipiantur, ad bonae fidei autem possessorem pertineant, quoquo modo a solo separati fuerint, sicut eius qui uectigalem fundum habet fructus fiunt, simul atque solo separati sunt[85]).

c. 22 C. de R. U. (3. 32).

Certum est, malae fidei possessores omnes fructus solere cum ipsa re praestare, bonae fidei uero exstantes, post litis autem contestationem uniuersos.

§ 35 J. de R. D. (2. 1).

Si quis a non domino, quem dominum esse credebat, bona fide fundum emerit, uel ex donatione aliaue qualibet iusta causa aeque bona fide acceperit, naturali ratione placuit fructus quos percepit eius esse pro cultura et cura; et ideo si postea dominus superuenerit et fundum uindicet, de fructibus ab eo consumptis agere non potest. Ei vero, qui sciens alienum fundum possederit, non idem concessum est; itaque cum fundo etiam fructus, licet consumpti sint, cogitur restituere.

Nach der ersten Stelle fallen die Früchte an den b. f. possessor, gleichviel wie sich die Separation vollzieht, ob er sie selbst vornimmt und deshalb Besitzer wird, oder ob ihm ein Anderer in der Besitzergreifung zuvorkommt (quoquo modo a solo separati fuerint), und gleichviel durch wessen Arbeit und

---

85) l. 13 i. f. D. de usufr. (7. 4).

Kapital sie gewonnen sind (a quolibet sati). Damit wer=
den zwei Punkte außer Zweifel gestellt: daß er nicht blos die
b. f. possessio erwirbt, weil diese als ein factisches Verhältniß
das corpus voraussetzt[86]), und daß die Bestreitung der Pro=
ductionskosten aus seinem Vermögen der Grund seines Erwer=
bes nicht ist. Diese beiden Ergebnisse sind zugleich entschei=
dend für das Verständniß der citirten Institutionenstelle. Nach
ihnen kann sie nur folgenden Sinn haben: naturali ratione
erhält der b. f. possessor die Früchte, deren Werth er durch
Verbrauch oder Veräußerung in sein Vermögen gezogen hat
(fructus quos percepit), statt der Forderung auf Ersatz
seiner Productionskosten (pro cultura et cura) [87]); deshalb
(et ideo) hat der Dominus wegen der fructus consumpti
keine Klage. Daß hier unter den fructus quos percepit nicht
die apprehendirten, sondern die consumirten Früchte verstanden
sind, ergiebt sich schon aus der Consequenz, welche im letzten
Satz aus dem ersten gezogen wird[88]).

Um die Anforderung der naturalis ratio juristisch durch=
zuführen, mußte in der Person des b. f. possessor der Kla=
gegrund für die condictio des Dominus beseitigt werden. Ver=
braucht oder veräußert er die Früchte als fremde Sachen,
so ist dies juristisch unmöglich, weil er sich dann ex re do=
mini ohne rechtlichen Grund bereichert: durch ihren Werth[89]),

---

86) l. 48 § 1 D. de A. R. D. (41. 1) . . . illud ad factum per=
tinere, ut quis bona aut mala fide possideat.

87) Vgl. Böcking Pand. § 151 Note 31 und Leist, Natur des
Eigenthums S. 160 ff.

88) Daß percipere auch sonst in diesem Sinne vorkommt, ist be=
kannt.

89) Vgl. l. 26 § 12, l. 29, l. 65 § 7 D. de cond. ind. (12. 6).
Diese Stellen widerlegen die Ansicht Windscheid's, daß der Ver=
brauch der Früchte den redlichen Besitzer nie bereichere (s. oben Note
14); die Stellen, auf welche er sich stützt, sagen nur, daß der redliche

ben er in seinem Vermögen erspart, oder durch den empfange=
nen Preis [90]). Er muß die Früchte als Eigenthümer
consumiren, wenn die condictio ausgeschlossen werden soll. Die
Consumtionsbefugniß als solche konnte man ihm nicht geben,
weil sie kein selbständiges Recht ist; sie setzt als ihre Quelle
das Eigenthum voraus [91]). Daher mußte ihm dieses Recht zu=
gesprochen werden. Daß dies geschehen ist, bestätigt die l. 25
§ 1 cit. und ebenso bestimmt die l. 28 pr. D. de usur.
(22.1): fructus statim pleno iure sunt bonae fidei
possessoris. Nur über die naturalis ratio, welche diesen
Eigenthumserwerb und seinen provisorischen Charakter bis zur
Consumtion rechtfertigt, geben uns die Quellen keine nähere
Auskunft. Sie enthalten aber genug, um dieselbe zu er=
mitteln.

Wenn die römischen Juristen das Recht des b. f. possess-
sor nicht aus seinem juristischen, sondern aus seinem natürli=
chen Verhältniß zur fruchttragenden Sache folgerten, und es
als eine Concession betrachteten, auf welche der malae fidei
possessor keinen Anspruch habe, so mußten sie bei seiner Be=
gründung den natürlichen Begriff des rechtmäßigen Besitzes zum
Ausgangspunkt nehmen. Sie mußten aus dem iustus titulus und der bona fides — diesen beiden Voraussetzungen, von
denen der § 35 cit. J. den Fruchterwerb abhängig macht —
nachweisen, daß der b. f. possessor nach dem Gesetz der

Erbschaftsbesitzer für die verbrauchten und veräußerten Erbschaftssachen
nicht haftet, wenn er zur Zeit der Klage nicht mehr bereichert ist, daß
er aber als bereichert betrachtet werden muß, wenn diese Sachen auch
ohne den Anfall der Erbschaft für seinen Unterhalt erforderlich gewesen
wären, l. 23 pr., l. 25 § 1. 15. 16 D. de H. P. (5. 3).

90) Vgl. l. 23 D. de R. C. (12. 1), c. 1 C. de reb. alien. (4.
51), l. 49 D. de neg. gest. (3. 5).

91) Vergl. Puchta Pand. u. Vorl. § 29.

naturalis ratio [92]) von jeder Verbindlichkeit hinsichtlich der con=
sumirten Früchte durch Gewährung des Eigenthums zu be=
freien sei. Dies konnte nur durch folgende Deduction geschehen:

Der Besitz einer Sache involvirt den Gebrauch der Sache.
Der Gebrauch einer fruchttragenden Sache besteht in dem Ver=
brauch der Erzeugnisse, zu deren Hervorbringung sie bestimmt
ist [93]). Wer den rechtmäßigen Besitz einer fruchttragenden
Sache hat, macht demnach einen rechtmäßigen Gebrauch von
ihr, wenn er die Früchte consumirt, gleichviel ob sie von ihm
producirt sind oder nicht. Die Bereicherung, welche ihm da=
durch zugeht, ist keine ungerechtfertigte: sie erfolgt weder
sine causa noch non ex iusta causa [94]), wenn er den Besitz
iusto titulo erworben hat, und ihm das Hinderniß des Eigen=
thumserwerbes in der Person seines Auctors nicht imputirt
werden kann, weil er in bona fide ist [95]). Deshalb darf das
Recht ihn nicht durch die Verpflichtung, den vielleicht seit Jah=
ren gezogenen Gewinn wieder herauszugeben, der Gefahr aus=
setzen, sein ganzes Vermögen zu verlieren, um den Domi=
nus vor einem Schaden zu bewahren, den die unterbliebene
Verfolgung seines Rechts veranlaßt hat [96]). Er muß naturali
ratione die Bereicherung behalten und, um dies juristisch zu
ermöglichen, die separirten Früchte an Stelle des Dominus

---

92) l. 7 pr. D. de bon. damn. (48. 20)... naturalis ratio quasi
lex quaedam tacita.

93) l. 115 D. de U. S. (50. 16)... possessio ergo usus,
ager proprietas loci est. l. 21 § 2 D. quod met. causa (4. 2)...
abest nuda possessio cum suis fructibus.

94) Vgl. l. 1 § 3 D. de cond. sine causa (12. 7), l. 25 D. de
act. rer. am. (25. 2).

95) l. 136 D. de R. J. (50. 17). Bona fides tantundem possi-
denti praestat, quantum ueritas, quoties lex impedimento non est.

96) Vgl. v. Keller, Vorl. § 143 a. E.

erwerben, damit er sie zu seinem Gebrauch vindiciren und ihre Consumption als Eigenthümer vornehmen kann; sonst läßt die ratio ciuilis nicht zu, daß dem Dominus ·die condictio gegen den b. f. possessor und die rei uindicatio gegen den nachfolgenden Besitzer der Früchte versagt wird. Auf der andern Seite dürfen aber die fructus exstantes dem Dominus nicht vorenthalten werden: das ökonomische Bedürfniß fordert, daß er durch die Vindication sein Grundstück, seine Heerde u. s. w. in dem vorhandenen wirthschaftlichen Stande zurück erhält, und aus dem natürlichen Begriff des rechtmäßigen Besitzes folgt nur, daß der Werth der consumirten Früchte dem Besitzer verbleiben muß.

Hiernach führt die naturalis ratio zu folgenden Resul= taten:

Der b. f. possessor steht hinsichtlich des Fruchterwerbs nicht einem Dominus völlig gleich; er ist auf Grund des iustus titulus und der bona fides nur p a e n e domini loco. Die Früchte dürfen von ihm durch die Separation nur proviso= risch (interim), und erst durch die Consumption definitio erwor= ben werden, damit das Eigenthum an den fructus exstantes auf den Dominus übergeht, sobald er sie in Anspruch nimmt. Ob dabei noch ein Abzug der Impensen statthaft ist, muß sich nach dem Werth der consumirten Früchte bestimmen. Deckt er den Betrag der Impensen nicht, so hat der Dominus noch den Rest der Kosten zu tragen, deckt oder übersteigt er ihn aber, so sind die Kosten der Production durch die Consumption bereits ge= tilgt; daher müssen die Früchte statt der Kosten (pro cultura et cura) an den b. f. possessor kommen.

Diese Resultate finden in den Quellen ihre Bestätigung; damit wird auch die Deduction bestätigt, aus welcher sie sich ergeben:

4

l. 48 pr. D. de A. R. D. (41. 1) Paul. l. 7 ad
Plaut.

Bonae fidei emptor non dubie percipiendo fructus etiam
ex aliena re suos interim facit, non tantum eos, qui
diligentia et opera eius peruenerunt, sed omnes, quia,
quod ad fructus attinet, loco domini paene
est. Denique etiam priusquam percipiat, statim ubi a solo separati sunt, bonae fidei
emptoris fiunt.

l. 40 D. h. t. African. l. 7 Quaest.

... fructus praediorum consumptos suos facit bona
fide possessor.

l. 48 D. de R. U. (6. 1) Papin. l. 7 Resp.

Sumptus in praedium, quod alienum esse apparuit, a
bona fide possessore facti neque ab eo qui praedium
donauit neque a domino peti possunt, uerum exceptione
doli posita per officium iudicis aequitatis ratione ser-
uantur, scilicet si fructuum ante litem contestatam per-
ceptorum summam excedant: etenim admissa compensa-
tione superfluum sumptum meliore praedio facto dominus restituere cogitur ⁹⁷).

Aus dem Nachweis, daß der Fruchterwerb des b. f. possessor bis zur Consumption zu Gunsten des Dominus ein
provisorischer ist, folgt, daß gleichzeitig für diesen ein penbenter
Erwerb der fructus exstantes beginnen muß. Nach der
rechtlichen Beschaffenheit dieser Pendenz bestimmt sich die
rechtliche Beschaffenheit des Eigenthumserwerbes, den der b. f.
possessor macht.

---

97) l. 36 § 5 D. de H. P. (5. 3), l. 46 D. de usur. (22. 1).

II. Juristische Natur des Erwerbes.

Das römische Recht kennt für begonnene Rechtsverhält=
nisse nur zwei Arten der Pendenz:

1) Eine Pendenz, bei der die Perfection des begonnenen
Rechtsverhältnisses ohne Rückziehung erfolgt, weil die künftige,
nicht die gegenwärtige Existenz desselben eine bedingte sein soll.
Sie tritt bei Erwerbungen unter einem dies incertus für den
Erwerber, und bei Erwerbungen unter einer Resolutivbedin=
gung für den Rückerwerber ein, weil der Rückerwerb ein Er=
werb sub die incerta ist. In beiden Fällen hat sie dieselbe
Wirkung, der dies mag durch Rechtsvorschrift oder durch Pri=
vatdisposition gesetzt sein: der Erwerber tritt nicht rückwärts
an die Stelle des inzwischen Berechtigten, sondern er erhält
sein Recht erst vom Eintritt des dies an. Es ist dies oben
an dem bedingten Eigenthumsvermächtniß gezeigt. Hier wird
die legirte Sache nach dem präsumtiven Willen des Erblas=
sers vom Legatar sub die incerta, und deshalb vom Erben
sub conditione resolutiua erworben [98]). Die vom Erben
bestellten iura in re erlöschen demgemäß erst vom Moment,
wo der Legatar agnoscirt, die vom Erben für das legirte
Grundstück erworbenen Servituten gehen auf den Legatar
über [99]), die Klagen des Erben wegen Verletzung des legirten
Eigenthums kommen dem Legatar nur soweit zu, als sie zur
Zeit der Agnition noch nicht vom Erben angestellt oder noch
anhängig sind, und die Früchte der Zwischenzeit werden, wenn
der Erbe sie nicht behalten soll, für den Legatar nur Gegen=
stand einer Forderung. In allen diesen Beziehungen steht

---

98) Vgl. S. 32.

99) l. 11 § 1 D. quemadm. seru. amitt. (8. 6); vgl. l. 6 § 5
D. de act. empt. (19. 1).

beim Kauf unter einer Resolutivbedingung der Käufer dem Erben, und der Verkäufer dem Legatar gleich [100]).

2) Eine Pendenz, bei der die Perfection des begonnenen Rechtsverhältnisses auf die Zeit seiner Begründung zurückgezogen wird, weil die gegenwärtige, nicht die künftige Existenz desselben eine bedingte sein soll. Sie verbindet sich mit jedem Erwerb unter einer reinen Suspensivbedingung, mit einer conditio iuris wie mit einer conditio facti. Die Gestalt, in welcher sie im römischen Recht auftritt, ist mannigfaltig, ihre Wirkungen sind aber überall dieselben: der Erwerber erhält sein Recht nicht erst vom Eintritt der conditio an, sondern rückwärts vom Moment des bedingten Erwerbes, damit ihm einerseits auch die Accessionen aus der Zwischenzeit ipso iure zufallen, soweit sie mit zum Gegenstande des Erwerbes gehören, und damit andererseits die Dispositionen, welche von ihm in dieser Zeit über seine pendenten Rechte getroffen werden können, ab initio perfecte Wirkung erhalten, die Verfügungen des inzwischen Berechtigten aber, wo ein solcher existirt, ihre Wirksamkeit ab initio verlieren, soweit sie den Erwerber in jenen Rechten beeinträchtigen würden. In diesen beiden Beziehungen ist der inzwischen Berechtigte nur provisorisch berechtigt: der Erwerber tritt mit der Erfüllung der Bedingung rückwärts an seine Stelle. Dagegen bleibt der inzwischen Berechtigte auch für die Vergangenheit der Berechtigte, soweit er Rechte acquirirt, die dem Erwerber zu Gute kommen, z. B. Servituten für das veräußerte Grundstück, oder

---

100) Vgl. l. 4 § 3 D. de in diem add. (18. 2), l. 3 D. quib. mod. pign. (20. 6), l. 31 D. de pignor. (20. 1) mit l. 16 D. quib. mod. ususfr. (7. 4), l. 1 § 4 D. de S. C. Silan. (29. 5), l. 11 § 1 D. quemadm. serv. am. (8. 6), l. 105 D. de condit. (35. 1), l. 13 § 1 D. de pignor. (20. 1), l. 82 pr. D. de legat. (30), l. 14 pr. D. de cond. furt. (13. 1).

Rechte, auf die der Erwerber nach Inhalt des Erwerbsge=
schäfts keinen Anspruch hat, z. B. das Eigenthum an den nicht
mitveräußerten Früchten. Es wird deshalb durch die Rück=
ziehung niemals ein Rechtsverhältniß aufgehoben, welches
pendente conditione schon perfect geworden ist, und nie=
mals ein Rechtsverhältniß zur Existenz gebracht, welches
in dieser Zeit nicht beginnen konnte, oder welches in dieser
Zeit untergegangen ist. Die Rückziehung erstreckt sich
allein auf die imperfecten Rechtsverhältnisse, die pendente
conditione nur als bedingte anfangen konnten; sie werden
rückwärts perfect oder rückwärts aufgehoben [101]. Dieser
Grundsatz gilt für alle unter einer Suspensivbedingung be=
gründeten Rechtsverhältnisse, wie verschieden sie auch gestaltet
sein mögen. Es kommen im römischen Recht namentlich fol=
gende Fälle vor, die dies bestätigen:

a) Ein Recht, welches Niemandem gehört, wird von zwei
Personen zugleich sub contrariis conditionibus erworben [102].

Diese Pendenz setzt inter uiuos einen originären, mortis
causa einen directen Erwerb vom Erblasser voraus. Ihre
Wirkung besteht darin, daß sie für beide Theile auch den Er=
werb der pendente conditione entstehenden Accessionen, und
die Dispositionen über diese zu pendenten macht, bis die Be=
dingung sich für den einen Theil mit rückwirkender Kraft er=
füllt, für den andern beficirt, und dadurch für jenen alle bis=
her pendenten Rechtsverhältnisse rückwärts zur Vollendung
kommen, für diesen aber rückwärts untergehen.

Ein originärer Erwerb unter Lebenden, mit dem sich diese

----

101) Vgl. meine Abhandl. S. 34.
102) Heute spricht man nur in diesem Fall von einem schweben=
den Rechte, vgl. z. B. v. Vangerow, Pand. § 301, v. Wächter
a. a. O. S. 5; in der That ist jedes bedingt erworbene Recht, weil in
pendenti, in der Schwebe, nur nicht überall auf gleiche Weise.

Pendenz verknüpft, ist nach der früheren Ausführung der Fruchterwerb beim Nießbrauch, der mit der Separation zu= gleich für den Dominus und für den Ufufructuar eintritt; und von den Erwerbungen auf den Todesfall gehört hier= her das pure hinterlassene Eigenthumsvermächtniß nach der recipirten Theorie der Proculianer. Beim Ufufructus entstehen durch die Separation an den Früchten drei Rechte: ein subjectloses Eigenthum, aus welchem neue Rechte als Ac= cessionen hervorgehen können, und daneben für den Dominus und für den Ufufructuar je ein dingliches Recht, in welchem dieses Eigenthum, weil es den Uebergang desselben vermitteln soll, als ein in der Bildung begriffenes enthalten ist, damit es für den Einen mit der Erfüllung der Bedingung rückwärts ex die separationis perfect wird, für den Andern untergeht, weil durch die Deficienz der Bedingung seine Vollendung unmöglich geworden ist. Ebenso verhält es sich beim Vermächtniß. Hier setzt das Eigenthum an der legirten Sache seine seit dem Tode des Erblassers subjectlose Existenz auch nach dem Antritt der Erbschaft fort, um durch eine gleiche dingliche Vermittelung demnächst auf den Legatar oder auf den Erben ex die aditae hereditatis überzugehen. Der Universalsuccession des Erben wird es einstweilen, und eventuell definitiv durch die Anord= nung des Erblassers entzogen, ohne Widerspruch mit dem We= sen dieser Erwerbsart: denn das Charakteristische der Univer= salsuccession besteht nicht darin, daß der Successor die s. g. vermögensrechtliche Persönlichkeit seines Auctors in sich auf= nimmt und demgemäß in alle zu dessen Vermögen gehöri= gen Rechte eintritt. Man kann so wenig in Personen wie in Sachen, sondern nur unmittelbar in Rechte und Schulden suc= cediren [103]. Die Universalsuccession unterscheidet sich von der

---

[103) Vgl. meine Schrift über die Erbschaft S. 98 ff.

Singularsuccession nur dadurch, daß sie sich auch auf die
Schulden erstreckt, und daß bei ihr die Rechtsverhältnisse, in
welche der Successor eintreten soll und kann, auf ihn nicht
einzeln, sondern durch eine einzige juristische Thatsache alle
auf einmal transferirt werden: per uniuersitatem hoc
est omnia semel bona adquirimus hereditate, emptione
bonorum, adoptione [104]).

b) Ein ganzes Vermögen, welches Niemandem gehört,
wird von mehreren Personen in der Art unter verschiedenen
Bedingungen erworben, daß ihre successive Berechtigung eine
gleiche, die gleichzeitige aber eine verschiedene ist.

Diese Pendenz tritt bei der Erbfolge für die successive berufenen
freiwilligen Erben ein. Der nächste Erbe erwirbt die Erbschaft
unter der Bedingung, daß er sie haben will: denn die Dela=
tion der Erbschaft ist nichts Anderes als ihre Acquisition
unter einer Potestativbedingung, d. i. als ein begonnener
Vermögenserwerb, den der Delat nach seiner Wahl durch die
Erfüllung dieser Bedingung d. i. durch den Antritt vollenden,
oder durch ihre Nichterfüllung d. i. durch die Repudiation auf=
heben kann. Die nachfolgenden Erben erwerben dagegen die
Erbschaft unter zwei Bedingungen, die sich nach einander er=
füllen müssen: unter der Bedingung, daß das Recht der vor=
gehenden Erben erlischt und, wenn sich diese erfüllt hat, unter
der weiteren Bedingung, daß sie die Erbschaft haben wollen.
Deshalb ist ihr Recht beim Tode des Erblassers noch nicht die
proxima spes [105]), und um deswillen noch kein ius succe-
dendi; es wird dies erst, wenn die dazu erforderliche Bedingung
eingetreten ist. Rechtlos stehen aber auch sie der Erbschaft in=

---

104) Gaii epit. II. 2. pr.

105) l. 1 § 14 D. de insp. uentre (25. 4) Denuntiari autem
oportet bis, quos proxima spes successionis contingit.

zwischen nicht gegenüber [106]). Eine Substitution, aus welcher
der Substitut nicht schon beim Tobe des Erblassers ein Recht
erwirbt, muß für immer wirkungslos bleiben: nec enim sicut
uiuentium, ita et defunctorum actus suspendi receptum
est [107]); und eine Verwandtschaft, durch welche nicht schon beim
Tode des Erblassers ein Anspruch auf die Intestaterbfolge entstanden ist, kann ihn überhaupt nicht begründen [108]). Es wird
also der Erwerb der Erbschaft in ganz analoger Weise vermittelt, wie der Erwerb des Vermächtnisses. Deshalb sind
auch die Wirkungen, mit welchen dies geschieht, analoge. Bis
zum Antritt sind die iura hereditaria subjektlose Rechte [109]),
die als solche nur auf dem Wege der Accession [110]) und in
Gemäßheit des Satzes: hereditas personam defuncti sustinet,
non heredis futuri [111]), neue Rechte ins Leben rufen können.
Der Umstand daß sie bereits sub conditione erworben sind,
hebt während der Pendenz ihre Herrenlosigkeit nicht auf: quod

---

106) l. 1 § 13 D. eod. Sed et si seruus heres institutus fuerit,
si nemo natus sit. ... huic quoque seruo ... quaedam tamen circa
partum custodiendum arbitrio Praetoris esse concedenda ... cum
sit in spe constitutus successionis.

107) l. 18 i. f. D. comm. praed. (8. 4), vgl. meine Abhandl.
S. 16 u. S. 93 ff. Man kann also dem Substituten die Befugniß,
von dem zuvor berufenen Erben eine Erklärung über den Antritt zu
fordern, nicht aus dem Grunde absprechen, weil er noch gar kein Recht
an der Erbschaft habe, wie es von Brinz, Pand. § 193 S. 815 und
von Bruns im Jahrb. d. gem. deutsch. R. Bd. I. S. 120 geschieht.

108) l. 6 i. f. D. de suis et leg. hered. (38. 16).

109) l. 1 pr. D. de R. D. (1. 8) ... nam res hereditariae, antequam aliquis heres existat, nullius in bonis sunt.

110) l. 178 § 1 D. de U. S. (50. 16): Hereditas iuris nomen
est, quod et accessionem et decessionem in se recipit.
l. 20 § 3 D. de H. P. (5. 3).

111) § 2 J. de hered. instit. (2. 14), l. 33 § 2. l. 34 D. de A.
R. D. (41. 1).

pendet, non est pro eo quasi sit. Aber wenn sich die Be=
dingung erfüllt, so erfüllt sie sich hier wie überall mit rück=
wirkender Kraft: es wird die Vollendung des Erwerbes zurück=
gezogen auf die Todeszeit des Erblassers, wo er angefangen
hat, weil jede Erbschaft ex tempore mortis defuncti hinter=
lassen wird, und deshalb von da ab nicht ihr künftiger, sondern
ihr gegenwärtiger Erwerb in pendenti ist [112]). Diese Rück=
ziehung hat auch hier nur den Zweck, Rechtsverhältnisse, die, als
durch den Antritt irgendwie bedingte, während der hereditas
iacens nur als imperfecte entstehen konnten, rückwärts zur
Vollendung zu bringen [113]), oder wenn dies nicht möglich ist,
rückwärts aufzuheben [114]). Es geht durch sie kein Rechtsver=
hältniß unter, welches nach dem Satze hereditas personam
defuncti sustinet bereits perfect geworden ist [115]); hat die
Erbschaft Rechte erworben, in die der Erbe nach seiner Rechts=
fähigkeit nicht succediren kann, so fallen sie als erblose an den
Fiscus. Und ebensowenig bringt die Rückziehung Rechtsver=
hältnisse zur Existenz, die während der hereditas iacens nicht

---

112) l. 54 D. de A.u. O. H. (29. 2): Heres quandoque adeundo
hereditatem iam tunc a morte successisse defuncto intellegitur.
l. 138 pr., l. 193 D. de R. J. (50. 17).
113) l. 61 D. de A. R. D. (41. 1) ... quamuis seruus hereditarius heres institui possit, tamen quia adire iubentis domini persona desideratur, heres exspectandus est.
114) l. 50 pr. D. de hered. inst. (28. 5) ... uitiatur institutio.
uel si cum eo testamenti factio est. iussu eius adeundo adquiret
ei hereditatem.
115) l. 21 § 1 D. de negot. gest. (3. 5): Qui negotia hereditaria gerit, quodamodo sibi hereditatem seque ei obligat; ideoque
nihil refert. an etiam pupillus heres existat, quia
id aes alienum cum ceteris hereditariis oneribus ad
eum transit. l. 37 D. eod.

beginnen konnten[116]), oder während derselben untergegangen sind[117]).

c) Ein ganzes Vermögen, welches sein Subject durch den Verlust der Rechtsfähigkeit verloren hat, wird sofort von diesem Subject und zugleich von den präsumtiven Erben desselben sub contrariis conditionibus wieder erworben.

Dies ist der Fall des captiuus. Durch die Gefangenneh= mung hört er auf, das Subject seines Vermögens zu sein[118]), und läßt dasselbe, wie der Erblasser die Erbschaft, als eine sub= jectlose uniuersitas[119]) mit der Fähigkeit zur accessio und decessio zurück[120]). Als solche wird es sogleich im Moment der Gefangennehmung wieder Gegenstand eines doppelten bedingten Erwerbs: der captiuus erwirbt es wieder unter der Bedingung der Heimkehr auf Grund des postliminium[121]) — dieser be=

116) l. 26 D. de stip. seru. (45. 3) Ususfructus sine persona esse non potest; et ideo seruus hereditarius inutiliter usumfructum stipulatur. l. 16 D. eod. Seruus hereditarius futuro heredi nominatim dari stipulatus nihil agit, quia stipulationis tempore heres dominus eius non fuit.

117) l. 16 § 1 D. quando dies leg. (36. 2)... si interim seruus (hereditarius, cui ususfructus legatus fuerit) mortuus fuerit, legatum extinguatur.

118) l. 182 D. de U. S. (50. 16) Paterfamilias liber peculium non potest habere, quemadmodum nec seruus bona.

119) Demgemäß heißt es von den Sclaven des captiuus in l. 12 § 1 i. f. D. de captiu. (49. 15) ... hi bonorum fuerunt et esse perseuerant. Jhering a. a. O. S. 390, 420, der an dem Grundsatz festhält: Rechte können ohne Subject nicht existiren, nimmt an, daß während der Gefangenschaft und während der hereditas iacens nur die passive Seite der Rechte des captiuus bezw. des Erblassers fortdauert ohne die active; vgl. oben Note 59 sub 1.

120) Vgl. z. B. l. 22 § 1 D. de captiu. (49. 15), l. 4 D. de diu. temp. (44. 3), l. 19 § 5, l. 20 D. de neg. gest. (3. 5) und dazu l. 21 § 1 D. eod., l. 93 D. ad leg. Aquil. (9. 2), l. 13 § 2, l. 15 pr. D. eod.

121) l. 23 § 1 D. de A. u. A. P. (41. 2). In his, qui in ho-

bingte Erwerb wird durch dem Umstand, daß er Sclave ist,
nicht gehindert (Note 70) —, sein präsumtiver Erbe erwirbt es
sub contraria conditione nach der lex Cornelia, unb als heres
uoluntarius unter ber weiteren conditio des Erbschaftsantritts;
unb je nachdem jene ober biese Bedingung eintritt, wirb von
ben beiden begonnenen Erwerben (spes successionis) ber eine
rückwärts ex die captiuitatis perfect[122], ber anbere rückwärts
aufgehoben, weil für beibe Theile nicht bie künftige, sonbern bie
gegenwärtige Succeffion in bas Vermögen in pendenti sein
soll[123]. Durch biese Rückziehung, ber zufolge ber captiuus
schließlich stets nur provisorisch (interim) Sclave gewesen

---

stium potestatem peruenerunt, in retinendo iura rerum sua-
rum singulare ius est: corporaliter tamen possessionem amittunt.
l. 32 § 1 D. de hered. inst. (28. 5) ... iure postliminii omnia
iura ciuitatis in personam eius (captiui) in suspenso retine-
tur, non abrumpuntur.

122) l. 22 pr. D. de captiu. (49. 15) ... idemque ius et eadem causa omnium rerum iubetur esse lege Cornelia, quae futura
esset, si hi, de quorum hereditatibus et tutelis constituebatur, in
hostium potestatem non peruenissent. § 1. Apparet ergo eadem
omnia pertinere ad heredem eius, quae ipse, qui hostium potitus
est, habiturus esset, si postliminio reuertisset; porro quaecunque
serui captiuorum stipulantur uel accipient, adquiri dominis intelleguntur, quum postliminio redierint. Quare necesse est etiam ad eos
pertineant, qui ex lege Cornelia hereditatem adierint. l. 1 pr. D.
de suis (38. 16), l 12 D. qui test. fac. (28. 1).

123) l. 12 § 6 D. de captiu. (49. 15). ... quae in iure sunt,
posteaquam postliminio rediit, pro eo habentur, ac si nunquam
iste hostium potitus fuisset. l. 16 D. eod. Retro creditur in ciuitate fuisse, qui ab hostibus aduenit. Gaius I. 129.
Ulp. fragm. X. 4. — l. 44. § D. de usurp. (41. 3) Sin autem
pater ibi decesserit, ... tempora captiuitatis ex die
quo capitur morti iungerentur ... l. 18 D. de captiu.
(49. 15) In omnibus partibus iuris is, qui non reuersus est ab hostibus, quasi tunc decessisse uidetur, quum captus
est. l. 39 D. de testam. mil. (29. 1) l. 54 D. de A. u. O. H.
(29. 2).

ift¹²⁴), entstehen aber auch hier weder Rechtsverhältnisse noch
Rechtsgeschäfte, die während der Gesangenschaft nicht anfangen
konnten¹²⁵), oder die zugleich mit oder in der Zeit der Ge=
sangenschaft untergegangen sind¹²⁶); und auch hier werden durch
sie keine Rechtsverhältnisse aufgehoben, die während der Ge=
sangenschaft bereits persect geworden sind¹²⁷). Sie bewirkt

124) G a i u s I. 129 . . . seruus i n t e r i m hostium fit . . .

125) l. 44 § 7 D. de usurpat. (41. 3). Si, quum apud hostes
dominus aut pater agat, seruus aut filius emat, au et t e n e r e i n -
c i p i a t? . . . si uero non ex causa peculii compareur, u s u n o n
c a p i n e c i u r e p o s t l i m i n i i q u a e s i t u m i n t e l l e g i, q u u m
p r i u s esset, ut, q u o d u s u c a p t u m d i c e r e t u r, p o s s e s -
s u m f o r e t; sin autem pater ibi decesserit, quia tempora captinitatis ex die quo capitur morti iungerentur, potest filium dici et
possedisse sibi et usucepisse intellegi. — § 5 l. quib. non est
perm. (2. 12). Eius, qui apud hostes est, t e s t a m e n t u m, quod
ibi fecit, non ualet, quamuis redierit. l. 12 § 5 D. de captiu. (49.
15) C o d i c i l l i, si quos in tempore captinitatis scripserit, non
creduntur iure subtili confirmati testamento, quod in ciuitate fece-
rat; sed nec f i d e i c o m m i s s u m ex his peti potest, quia non
sunt ab eo facti, qui testamenti factionem habuit.

126) l. 19 D. quib. ex caus. (4. 6). Denique si emptor, priusquam per usum sibi adquireret, ab hostibus captus sit, placet i n -
t e r r u p t a m p o s s e s s i o n e m p o s t l i m i n i o n o n r e s t i t u i,
quia haec sine possessione non constitit . . . l. 23 § 1 D. de A.
u. A. P. (41. 2) . . . reuersis his n o u a p o s s e s s i o n e opus sit,
etiamsi nemo medio tempore res eorum possederit. l. 15 pr. D.
de usurp. (41. 3). Si is, qui pro emptore possidebat, ante usu-
capionem ab hostibus captus sit, uidendum est, a n h e r e d i e i u s
p r o c e d a t u s u c a p i o: nam i n t e r r u m p i t u r u s u c a p i o,
et si ipsi reuerso non prodest, quemadmodum he-
redi eius proderit? sed uerum est eum in sua uita de-
siisse possidere. ideoque n e c p o s t l i m i n i u m ei prodest, ut uideatur usucepisse. l. 12 § 2 D. de captiu. (49.
15). —

127) c 18 C. de postl. reu. (8. 51). Ab hostibus captis ac
postliminio reuersis pro huiusmodi casu amissa, quae in eadem
causa quidem durant, omnimodo directa, quae uero per usu-

nur, daß solche Rechtsverhältnisse, die blos als bedingte während der Gefangenschaft entstehen konnten, sich entweder rückwärts in unbedingte umwandeln [128]), oder wegen Deficienz der Bedingung erlöschen. Wenn z. B. der Sclave des captiuus eine Stipulation simpliciter d. h. ohne Bezugnahme auf seinen gefangenen Dominus schließt, so erwirbt er eine perfecte Forderung für das zurückgelassene Vermögen, die Bestandtheil desselben bleibt, das Vermögen mag demnächst an den postliminio reuersus, an dessen Erben oder an den Fiscus gelangen, oder im Concurse zur Befriedigung der Gläubiger dienen [129]). Hat er dagegen domino stipuliren lassen, so ist die Forderung als eine durch die Heimkehr des captiuus bedingte in pendenti; mit der Existenz der Bedingung wird sie rückwärts perfect, mit der Deficienz als eine in der Bildung begriffene aufgehoben [130]).

Neben der spes successionis an dem zurückgelassenen Vermögen macht der captiuus noch einen weiteren bedingten Erwerb. Diejenigen seiner Rechte, welche ihrer Natur nach ein physisches Subject voraussetzen, wie die testamenti factio, die

---

capionem uel liberationem ex bonis subtracta uel non utendo finita esse uidentur, intra annum utilem experientibus actione rescissoria restituuntur.
128) l. 22 § 3 D. de captiu. (49. 15) Quae peculiari nomine serui captinorum possident. in suspenso sunt: nam si domini postliminio redierint. eorum facto intelleguntur. si ibi decesserint. per legem Corneliam ad heredes eorum pertinebunt.
129) l. 22 § 1 D. de captiu. (49. 15). l. 1 pr. l. 15 D. de stip. seru. (45. 3).
130) l. 16 § 2 D. de stip. seru. (45. 3) Seruus capto domino ab hostibus domino dari stipulatus est .... in hac specie seruus filio exaequabitur: nam et si filius captiui patri suo stipulatus fuerit dari. res in pendenti erit. et si pater apud hostes decesserit, nullius momenti uidebitur fuisse stipulatio, quoniam alii. non sibi stipulatus est.

Ehe, die Vormundschaft, die dominica und die patria potestas, gehen zunächst durch seine Gefangennehmung unter [131]), sie entstehen aber für ihn in demselben Moment von Neuem sub conditione. Auch, sie haften an ihm als spes [132]); es vollzieht sich bei ihnen nur die Vollendung des Erwerbes in anderer Weise, wie bei der spes successionis, weil diese den Uebergang fortexistirender Rechte vermittelt. Die testamenti factio actiua erwirbt der captiuus sub contrariis conditionibus zurück: iure postliminii unter der Bedingung der Heimkehr, und lege Cornelia auch unter der Bedingung, daß er bei den Feinden stirbt.. Deßhalb convalescirt sein mit der Gefangennehmung untergegangenes Testament [133]) auf alle Fälle [134]). Die testamenti factio passiua erwirbt er dagegen

---

131) l. 7 pr. D. de iure cod. (29 7) ... si ... quis ... in captiuitate codicillos scribat .. non ualent: idem est, si aliquo modo ius testamenti faciendi desierit habere. — l. 1 D. de diuort. (24. 2) Dirimitur matrimonium diuortio, morte, captiuitate uel alia contingente seruitute utrius eorum. l. 12 § 4 D. de captiu. (49, 15), Nou. 22 c. 7. — Paulus R. S. II. 25 § 1 Pater ab hostibus captus desinit habere filios in potestate ... l. 18 § 2 D. de stip. seru. (45. 3) Seruus capto domino ab hostibus ... quae simpliciter stipulatur uel ab alio accepit, etiam ad heredem captiui pertinent, aliudque sit iuris in persona filii. quia nec tunc fuit in potestate, quum stipularetur, nec postea deprehenditur, ut seruus in hereditate ... — l. 7 § 1 D. de tut. act. (27. 3). Si tutor in hostium potestatem peruenerit ... finita tutela intellegitur.

132) l. 4 § 5 D. rem pup. (46. 6) ... finita tutela est. licet recuperari speretur.

133) l. 6 § 5 D. de iniust. (26. 3) Irritum fit testamentum, quoties ipsi testatori aliquid contingit, puta si ciuitatem amittat per subitam seruitutem, ab hostibus uerbi gratia captus.

134) Paulus R. S. III. 4. § 8 ... Sed ualet testamentum id quod ante captiuitatem factum est, si reuertatur. iure postliminii. aut si ibidem decedat, beneficio legis Corneliae. § 5 I. quib. non est perm. (2. 12). .

nur unter ber Bebingung ber Heimfehr wieber; beshalb fann,
sofern er selbst während ber Gefangenschaft als Erbe instituirt
ist, bie Erbeinsetzung nur wirksam werben, wenn sich jene Be=
bingung erfüllt, während bie Erbeinsetzung seines Sclaven lege
Cornelia auch Geltung hat, wenn er bei ben Feinben stirbt,
nach ben Principien ber hereditas iacens[135]). In ben
Quellen wirb ausbrücklich bie Gültigkeit bieser beiben Disposi=
tionen auf ben bebingten Rückerwerb ber verlorenen Rechte
gestützt:

> l. 32 § 1 D. de hered. inst. (28. 5) Gaius lib. 1 de
> test. ad edict. praet. urb.

Is qui apud hostes est recte heres instituitur, quia
iure postliminii omnia iura ciuitatis in personam eius in suspenso retinentur, non abrumpuntur: itaque si reuersus fuerit ab hostibus,
adire hereditatem poterit. Seruus quoque eius recte
heres instituitur et, si reuersus sit ab hostibus, potest
eum iubere adire hereditatem; si uero ibi decesserit,
qui ei heres existet potest per seruum heres fieri.

Dem in bieser Stelle aufgestellten Grundsatz gemäß kommt
iure postliminii auch bie untergangene Ehe bes captiuus so=
fort wieber als eine bebingte zur Existenz: in suspenso reti-
netur, non abrumpitur. Deshalb barf sich bie zurückgelas=
sene Ehefrau nicht wieber verheirathen, so lange fest steht, baß
ber Mann noch bei ben Feinben lebt: uxores eorum, qui in
hostium potestatem peruenerunt, possunt uideri nupta-
rum locum retiuere eo solo, quod alii temere nu-
bere non possunt[136]); unb wenn fie nach ber Rückfehr bes
Mannes ohne Grund ben Consens zur Ehe verweigert, ver=

135) § 2 I. de heren inst (2. 14). Vgl. meine Erbschaft S. 45 ff.
136) l. 6 D. de diuort. (24. 2), Nou. 22 c. 7, Nou. 117 c. 11.

fällt sie ben Strafen ber Scheibung [137]). Diese Strafen könn=
ten sie nicht treffen, wenn bie Ehe während ber Gefangen=
schaft völlig aufgehoben, unb beshalb bei ber Rückkehr nur bie
Weigerung, eine neue Ehe zu schließen, möglich wäre; bie
Scheibung setzt voraus, baß bie Ehe bes captiuus, ebenso wie
bie väterliche Gewalt besselben, in suspenso ist unb rückwärts
ex die captiuitatis perfect wirb, wenn sich bie Bebingung.
erfüllt.

Auch bie pátria potestas über bie Kinber bes captiuus
hört nicht völlig auf. In bemselben Moment, in welchem ihr
Vater biese Gewalt durch seine Gefangennehmung verliert,
erwirbt er sie, obwohl er Sclave ist, als ein bebingtes Recht [138])
auf Grunb bes Postliminium wieber: patria potestate, quamdiu uixerit, non fuerit in plenum liberatus — per
suspensi iuris constitutionem [139]). Nach bem Satze: quod
pendet, non est pro eo, quasi sit, sinb bie Kinber, zwar homines sui iuris [140]), aber zunächst nur provisorisch: definitiv
werden sie es erst rückwärts, wenn ber Vater bei ben Feinben
stirbt, unter ber entgegengesetzten Bebingung werden sie rück=
wärts wieber Hauskinber [141]). Deßhalb ist ber status. ben

---

137) l. 8 D. de captiu. (49. 15) Non ut a patre filius, ita uxor
a marito iure postliminii recuperari potest, sed tunc, quum ei
noluerit mulier et adhuc alii post constitutum tempus nupta
non est: quodsi noluerit nulla causa probabili inter-
ueniente, poenis discidii tenebitur. l. 14 § 1 D. eod.

138) Gaius I. 129. Quodsi ab hostibus captus fuerit parens,
quamuis seruus interim hostium fiat, pendet ius liberorum propter ius postliminii. Ulpian. fragm. X. 4. l. 22 § 2 D. de captiu.
(49. 15).

139) l. 15 D. de suis et leg. hered. (38. 16).

140) Vgl. Note 131.

141) l. 22 §. 2 D. de captiu. (49. 15) Julian. l. 62 Dig. ...
nam status hominum, quorum patres in hostium potestate sunt, in
pendenti est: et reuerso quidem patre existimatur nun-

sie schließlich in der Zwischenzeit gehabt haben, bis zum Eintritt der einen oder andern. Bedingung noch ungewiß, und solgerweise jedes von ihrem status abhängige Rechtsverhältniß in pendenti, soweit es seiner Natur nach überhaupt ein bedingtes sein kann [142]). Der Erwerb aus Rechtsgeschäften, die

quam suae potestatis fuisse, mortuo, tunc paterfamilias fuisse, quum pater eius in hostium potestate perueniret. l. 39 D. de test. milit. (29. 1). Paul. ... quia ex eo tempore quo captus est uidetur decessisse. — Es gab Juristen, welche den bei den Feinden erfolgten Tod des captiuus nicht auf die Zeit seiner Gefangennehmung zurückbatiren wollten, weil die lex Cornelia nur bestimmte, der captiuus solle so behandelt werden, als ob er in ciuitate gestorben sei, l. 22 pr. D. de capt. (49. 15), Ulp. fragm. XXIII. 5. Gajus (I. 129) zweifelte noch, welche Ansicht den Vorzug verdiene: si uero illic mortuus sit, erunt quidem liberi sui iuris, sed utrum ex hoc tempore quo mortuus est apud hostes parens, an ex illo quo ab hostibus captus est, dubitari potest. Die Gegner der Zurückbatirung ließen im Moment der Gefangennehmung nur für den captiuus, nicht auch für seinen präsumtiven Erben einen bedingten Erwerb der verlorenen Rechte eintreten: er sollte sie sowohl sub conditione der Heimkehr, als auch sub contraria conditione im Moment seines Todes wieder erwerben, und demgemäß erst von der Todeszeit seine Erbschaft und die Selbständigkeit seiner Kinder batiren. Die späteren Juristen erklärten sich für die Zurückbatirung; ihre Theorie wurde im Justinian. Recht recipirt, l. 12 § 1 D. de capt. (49. 15). Tryphon. l. 4 Disp. (siehe die folgende Note), § 5 I. quib. mod. ius pot. solu. (1. 12).

142) l. 12 § 1 D. de capt. (49. 15) Si quis capiatur ab hostibus. hi, quos in potestate habuit, in incerto sunt, utrum sui iuris facti an adhuc pro filiis familiarum computentur: nam defuncto illo apud hostes, ex quo captus est, patres familiarum, reuerso nunquam non in potestate eius fuisse credentur. Ideo et de his, quae medio tempore adquirunt stipulatione, traditione, legato — nam hereditate non possunt — tractatum est, ubi non est reuersus, ... utrum in hereditate captiui, quae lege Cornelia inducitur, an propria ipsorum sint. Quod uerius est; diuersumque in his, quae per seruos adquiruntur, merito: quia hi bonorum fuerunt et esse perseuerant, illi sui iuris exinde sibique ideo adquisiisse intelleguntur.

sowohl von einem Filiusfamilias, wie von einem Paterfami=
lias vorgenommen werden können, beginnt, sofern er nicht blos
für den postliminio reuersus eintreten soll, zugleich für den Sohn
und für den gefangenen Vater, um sich demnächst rückwärts für die=
sen zu vollenden, wenn er heimkehrt, für jenen, wenn der Vater bei
den Feinden stirbt [143]). Rechte dagegen, die blos ein Haus=
kind zu erwerben vermag, beginnen nur für den Sohn unter
der Bedingung, daß der Vater heimkehrt; erfüllt sich die Be=
bingung, so werden sie rückwärts perfect, fällt sie aus, so gehen
sie als imperfecte unter [144]). Ebenso verhält es sich mit Rech=
ten, die nur der zurückkehrende Vater erwerben soll [145]). Die
Rückziehung hat auch hier ihre regelmäßige Wirkung: die Rechts=
verhältnisse, welche in der Zeit der Gefangenschaft als pen=

---

143) Auch in dem Fall, wenn der Sohn vor dem Vater stirbt,
weil der Vater nur unter der Bedingung, daß er heimkehrt, rückwärts
die patria potestas über den Sohn bis zu dessen Tode erwirbt: l. 22
§ 2 D. de capt. (49. 15) Quod si filius eius, qui in hostium potestate
est, accipit aut stipulatur, id patre priusquam postliminio rediret
mortuo ipsi adquisitum intelligitur, [nec] etsi uiuo patre decesserit,
ad heredem patris pertinebit. Daß hier die Negation einzuschalten
ist (vgl. Mommsen), ergiebt sich aus l. 9 i. f. D. de castr. pec.
(49. 17)... Nam et si filius eius, qui ab hostibus captus est, decesserit patre captiuo uiuo, si quidem pater regrederetur,
quasi filiusfamilias peculium haberet; enimuero si ibidem pater decesserit, quasi paterfamilias legitimum
habebit successorem, et retro habuisse creditur eius successor ea quoque, quae medio tempore filius iste quaesiit, nec heredi
patris, sed ipsi filio quaesita uidebuntur. Ueber das Verhältniß in der
Zwischenzeit vgl. l. 2 § 3 D. unde legit. (38. 7).

144) l. 1 § 1 D. de SC. Maced. (14. 6). Si pendeat, an sit in
potestate filius, ut puta quoniam patrem apud hostes habet, in
pendenti est, an in senatus consultum sit commissum: nam si
reciderit in potestatem, senatus consulto locus est, si minus, cessat; interim igitur deneganda est actio.

145) Vgl. Note 130.

deute entstanden sind, wandeln sich rückwärts in unbedingte um, oder gehen wegen Deficienz der Bedingung unter. Sie stellt kein untergegangenes Rechtsverhältniß wieder her [146]), sie hebt kein Rechtsverhältniß auf, welches während der Gefangenschaft schon perfect geworden ist [147]), und sie bringt kein Rechtsver= hältniß zur Existenz, welches, wie z. B. der Erbschaftsan= tritt des Sohns [148]) und die tutoris datio für denselben [149]),

---

146) Iuro singulari wurde die Erbschaft des captiuus von seinem instituirten Sclaven und von Kindern, die zur Zeit der Gefangenneh= mung seiner Gewalt unterworfen waren, necessitate erworben, obwohl durch seinen Tod beim Feinde die Bedingung für den Rückerwerb der dominica und patria potestas deficirte: l. 12 D. qui test. fac. poss: (28. 1)... seruus heres scriptus ab eo, qui in hostium potestate decesserit, liber et heres erit siue nelit siue nolit, licet mi- nus proprie heres necessarius dicatur: nam et filius eius, qui in hostium potestate decessit, inuitus hereditati obli- gatur, quamuis suus heres dici non possit, qui in po- testate morientis non fuit. Wenn man auch den Tod des captiuus auf die Zeit seiner Gefangennehmung zurückdatirte, um von da ab den Erwerb der Erbschaft durch den Erben beginnen zu lassen, so konnte doch die untergegangene patria potestas über den Erben durch diese Rückziehung nicht wieder hergestellt werden; es bedurfte daher, wenn er necessitate succediren sollte, einer singulären Ausdehnung der fictio legis Corneliae, die man auch noch in einem andern Falle aus Billig= keitsgründen für gerechtfertigt hielt, vgl. l. 15 pr. D. de usurp. (41. 3) ... posse plenius fictionem legis accipi etc.

147) Vgl. l. 12 § 3, l. 23 D. de captiu. (49. 15), l. 11 D. de R. N. (23. 2), l. 3 § 1 D. eod. l. 15 D de iniusto (28. 3).

148) Vgl. Note 142. l. 6 pr. D. de A. u. O. II. (29. 2). Qui in aliena est potestate, non potest inuitum hereditati obligare cum in cuius est potestate.

149) l. 6 § 4 D. de tut. (26. 1). Ei cuius pater in hostium po- testate est, tutorem dari non posse palam est. Sed si datus sit, an in pendenti sit datio, quaeri potest. Et non puto dationem ualere: sic enim post patris regressum recidit in potestatem, atque si nunquam pater ab hostibus captus fuisset. Immo curator substantiae dari debet, ne in medio pereat.

nicht als ein bedingtes in dieser Zeit seinen Anfang nehmen konnte[150]).

d) Rechte, die von einer Person pure erworben werden, erwirbt in demselben Moment durch sie oder von ihr eine andere Person sub conditione, so daß mit der Erfüllung der Bedingung diese Person rückwärts das Subject der Rechte wird, und der erste Erwerber dies nur provisorisch (interim) gewesen ist.

Diese Pendenz kommt im römischen Recht als eine blos factische und als eine rechtliche vor: als factische beim castrense peculium nach den Grundsätzen des vorjustinianischen Rechts, als rechtliche bei der dominii impetratio des Pfandgläubigers und, wie sich aus der früheren Darstellung ergiebt (S. 33), beim bedingten Eigenthumsvermächtniß, wenn der Legatar die vermachte Sache nicht erst von der Existenz der conditio, sondern schon ex die aditae hereditatis erwerben soll; und um eine rechtliche Pendenz dieser Art handelt es sich auch beim Fruchterwerb des b. f. possessor.

Der Filiusfamilias sollte iure singulari alle Güter, welche er als Soldat erwarb, mit den Rechten eines Paterfamilias erwerben, daher inter uiuos wie mortis causa frei über sie verfügen können[151]); andererseits sollten aber diese Güter

150) l. 77 D. de R. J. (50. 17) Actus legitimi, qui non recipiunt diem uel conditionem, ueluti emancipatio, acceptilatio, hereditatis aditio, serui optio, datio tutoris, in totum uitiantur per temporis uel conditionis adiectionem. — Durch die mir während des Drucks zugehende Schrift von Bechmann: Das Ius postliminii und die Lex Cornelia, ist die Lehre von der Rückziehung und der Pendenz der Rechtsverhältnisse nicht gefördert; sie enthält überhaupt keine juristische Construction der römischen Theorie, obwohl sie einen Beitrag zur Dogmatik des römischen Rechts geben will.

151) l. 2 D. de SC. Maced. (14. 6)... quum filiusfamilias in castrensi peculio uice patrumfamiliarum fungantur. Ulp. fragm. XX. 10. pr. l. quib. non est perm. (2. 12).

unter der Bedingung, daß er ohne Testament verstarb, wie und soweit sie ihm bei seinem Tode noch gehörten, so behandelt werden, als wären sie von jeher nur Peculium gewesen[152]). Hiernach erhielt der Filiusfamilias an den castrensischen Sachen unbeschränktes Eigenthum: er konnte sie definitiv veräußern, iura in re an ihnen einräumen und alle Klagen anstellen, die einem Eigenthümer zustehen; er konnte die castrensischen Sclaven freilassen, und die Erwerbungen derselben fielen ihm als Dominus zu[153]). So lange der Sohn lebte, hatte der Vater an den castrensischen Sachen kein Recht irgend einer Art[154]). Aber factisch war sein gegenwärtiges Eigenthum an denselben in pendenti[154a]). Demgemäß trat im Moment, wo der Sohn intestatus gestorben, oder von seinem Testamentserben der Nachlaß repudiirt war, für das jetzt vom Vater erworbene Eigenthum eine Rückziehung ein, durch welche die hinterlassenen castrensischen Sachen rückwärts res peculiares, und deshalb die bisher factisch pendenten Dispositionen des Vaters rückwärts gültig wurden[155]), soweit sie mit

---

152) l. 2 D. de castr. pec. (49. 17). Si filiusfamilias miles decesserit, si quidem intestatus, bona eius non quasi hereditas, sed quasi peculium patri deferuntur: si autem testamento facto, hic pro hereditate habetur castrense peculium. c. 5 C. h. t. (12. 37).

153) l. 4 § 1, l. 6 i. f., l. 15 § 13 D. h. t. (49. 17). l. 8 pr. D. de iure patron. (37. 14). l. 2 pr. D. de contr. empt. (18. 1).

154) c. 3 C. de castr. pec. (12. 37)... peculium castrense proprium habent, nec in eo ius ullum patris est.

154ª) Ueber die heutigen Auffassungen dieser Pendenz vgl. v. Bangerow. Pand. § 301 u. v. Wächter a. a. O. S. 18 ff.

155) l. 9 D. h. t. (49. 17)... Sed quum nihil de peculio decernit filius, non nunc obuenisse patri, sed non esse ab eo profectum creditur: denique si seruo filii castrensi libertatem pater adscripserit moxque filius uiuo patre defunctus sit, non impeditur libertas, quum, si filius patri superuixerit, impediatur libertas.... eodem casu, quo libertatem competere [uel non competere]

ben Dispositionen des Sohnes nicht collibirten [156]). Dessen Dispositionen waren perfecte Rechtsverhältnisse, welche die Rückziehung nicht aufheben konnte: da der Vater bis zum Tode des Sohnes den castrensischen Sachen noch völlig rechtlos gegenüber stand [157]), so war es nicht, wie bei der rechtlichen Pendenz, die Vollendung eines begonnenen Eigenthums, sondern die Entstehung des Eigenthums, welche hier zurückgezogen wurde [158]). Nur in einer Beziehung fand eine Abweichung von den regelmäßigen Wirkungen der factischen Pendenz Statt: Dispositionen des Vaters, welche dem Sohn vortheilhaft waren, wie

diximus, legatum quoque uel debebitur uel impedietur;... quum heres non adiit hereditatem r e t r o p e c u l i u m patris bonis accessisse.

156) l. 18 § 1 D. h. t. (49. 17) Et in summa ea res est: hi actus patris, qui ad praesens alienationem alicuius iuris de castrensi peculio praestant, impediuntur, hi uero, qui non statim quidem, sed postea efficere solent, eo tempore animaduertentur, quo habere effectum consuerunt, ut, s i s i t f i l i u s, c u i a u f e r a t u r nihil agatur, s i a n t e d e c e s s e r i t, a c t u s p a t r i s n o n i m p ediatur. l. 19 § 3 D. h. t. Pater peculii castrensis filii seruum testamento liberum esse iussit: intestato defuncto filiofamilias, mox patre quaeritur, an libertas scruo competat.. Occurrebat enim n o n p o s s e d o m i n i u m a p u d d u o s p r o s o l i d o f u i s s e; d e n i q u e f i l i u m p o s s e m a n u m i t t e r e t a l i s p eculii s c r u u m Hadrianus constituit. Et si testamento t a m f i l i i q u a m p a t r i s i d e m s e r u n s accepisset libertatem et u t r i q u e p a r i t e r d e c e s s i s s e n t, n o n d u b i t a r e t u r e x t e s t a m e n t o f i l i i l i b e r u m e u m e s s e. Sed in superiore casu pro libertate a patre data illa dici possunt, numquid, q u o a d u t a t u r i u r e c o n c e s s o f i l i u s i n c a s t r e n s i p e c u l i o, e o u s q u e i u s p a t r i s c e s s a u e r i t; quodsi intestatus decesserit filius, postliminii cuiusdam similitudine pater antiquo iure habeat peculium r e t r o q u e u i d e a t u r h a b u i s s e r e r u m d o m i n i a.

157) l. 15 § 3 D. h. t. (49. 17)... non enim seruus, qui peculii castrensis est q u i q u e n u l l o i u r e, q u a m d i u f i l i u s u i u i t, p a t r i s u b i e c t u s est, aliquid adquirere simpliciter stipulando uel accipiendo patri potest. l. 18 § 3 i. f. D. eod.

158) Vgl. S. 19 in der Note.

z. B. die Befreiung eines castrensischen Sclaven vom Nieß=
brauch, oder der Erwerb von Servituten für castrensische Grund=
stücke, hatten sofort Geltung. Ihnen gegenüber wurde der Va=
ter so behandelt, als ob ihm durch die Rechte des Filiusfami=
lias blos die Administration der bona castrensia entzogen
sei [159]). Im Uebrigen war aber sein Verhältniß ganz dasselbe
wie bei der donatio i. u. e. u. das Verhältniß des beschenk=
ten Ehegatten [160]). Wenn er z. B. eine castrensische Sache
veräußerte, so veräußerte er zunächst eine fremde Sache; er
erwarb sie erst zu der Zeit, wo der Sohn ohne Testament ge=
storben war, aber jetzt mit rückwirkender Kraft. Deßhalb war
die Veräußerung, wie sein Eigenthum, factisch in pendenti,
bis ex postfacto gewiß wurde., ob sich die Veräußerung
der fremden Sache rückwärts in die Veräußerung einer eigenen
Sache umwandeln werde oder nicht [161]). Ebenso verhielt es
sich, wenn der Vater einen castrensischen Sclaven per uindi-
cationem legirte oder im Testament manumittirte. Zur Zeit
der Errichtung dieser Geschäfte hatte er das für sie erforder=
liche Eigenthum nicht, gleichwohl waren sie gültig, wenn bei

---

159) l. 18 § 3 D. h. t. (49. 17) Seruos ex eo peculio usufructu,
item praedia tam usufructu quam ceteris seruitutibus pater liberare
poterit; sed et seruitutes his adquirere: id enim et eum, cui bonis
interdictum est, uerum est consequi posse.

160) Vgl. S. 20 in der Note sub 1.

161) l. 98 § 3 D. de solut. (46. 3) Rem autem castrensis peculii soluentem patrem perinde accipere debemus, ac si alienam dedisset, quamuis possit residere apud eum, cui soluta
est, prius mortuo intestato filio: sed tunc adquisita creditur, quum filius decesserit; et utique cuius fuerit,
euentus declaret sitque et hoc ex his, quae postfactis,
in praeteritum quid fuerit, declarent. Vgl. l. 11 § 9
D. de donat i. u. c. u. (24. 1).

seinen Lebzeiten der Sohn intestatus starb, weil er es dann ex postfacto rückwärts erwarb [162]).

Hinterließ der Sohn ein Testament, so stellte zunächst die Delation dem factisch pendenten Eigenthum des Vaters das rechtlich pendente des instituirten Erben sub contraria conditione gegenüber: mit der Erklärung des Erbschaftsantritts, die den begonnenen Erwerb des Erben rückwärts seit dem Tode des Sohns vollendete, deficirte die Bedingung für den Erwerb des Vaters, mit der Repudiation, die jenen begonnenen Erwerb aufhob, erfüllte sich diese Bedingung mit rückwirkender Kraft [163]). Deshalb waren die Erwerbsgeschäfte, welche ein castrensischer Sclave in der Zwischenzeit schloß, für den Vater, der pendente conditione noch kein Recht an dem Sclaven hatte, iure communi ungültige Geschäfte, die durch die Rückziehung nicht convalescirten, weil diese kein ungültiges Geschäft zur Existenz bringen kann [164]); dagegen für den Testamentserben waren die Erwerbungen aus jenen Geschäften rechtlich in pendenti, wie der Erwerb des Nachlasses. Der Nachlaß selbst konnte diese Erwerbungen nicht

162) l. 44 pr. D. de legat. (30) Sernum filii sui castrensis peculii legare pater potest et, si uiuo patre mortuus sit filius et apud patrem peculium remansit, constitit legatum: cum enim filius iure sui non utitur, retro creditur pater dominium in seruo peculiari habuisse. Vgl. Note 156.

163) l. 19 § 5 D. h. t. (49. 17) Quid autem, si testamentum fecerit filius et non sit eius adita hereditas? non tam facile est dicere continuatum patri post mortem filii rerum peculii dominium, quum medium tempus, quo deliberant instituti heredes, imaginem successionis praestiterit. Alioquin et si adita sit ab instituto hereditas filii, dicetur a patre ad eum transiisse proprietatem. Quod absurdum est, si [nisi?] in pendenti, ut in aliis, et in hac specie habeamus dominia, ut ex postfacto [Flor. facto] retro fuisse aut non fuisse patris credamus.

164) Vgl. l. 19 § 4 D. h. t. (49. 17).

machen, weil während der Deliberation des Erben noch nicht
feststand, ob er ein Peculium oder eine Erbschaft sei; er wurde
auch zur heredias erst rückwärts durch den Antritt [165]).

Der factischen Pendenz beim castrense peculium ent=
spricht die rechtliche bei der dominii impetratio. Der Pfand=
gläubiger wird durch den Zuschlag Dominus des Pfandes [166]),

---

165) l. 14 § 1 D. h. t. (49. 17) Proxima species uidetur, ut
scriptis heredibus deliberantibus, quod seruus interim stipulatus est
uel ab alio sibi traditum accepit, quod quidem ad patris personam attinet, si forte peculium apud eum reselerit, nullius
momenti uideatur, quum in illo tempore non fuerit
seruus patris: quod autem ad scriptos heredes, in suspenso fuisse traditio itemque stipulatio intellega-
tur: ut enim hereditarius fuisse credatur, per aditam fit
hereditatem. Sed paterna uerecundia nos mouet, quatenus et
in illa specie, ubi iure pristino apud patrem peculium remanet, etiam
adquisitio stipulationis uel rei traditae per seruum fiat § 2. Legatum, quod ei seruo relictum est, quamuis tunc propter incertum nulli sit acquisitum, omisso testamento patri tunc
primum per seruum adquiretur, quum, si fuisset exemplo
hereditatis peculio adquisitum, ius patris hodie
non consideraretur. l. 19 § 5 D. eod. (vgl. meine Erbschaft
S. 50 ff.). l. 33 pr. D. de A. R. D. (41. 1)… si quidem adeatur
hereditas, omnia ut in seruo hereditario… esse spectanda.
l. 18 pr. D. de stip. seru. (45. 3)…. non enim. si quis heredem
existere filiofamilias dixerit, statim et hereditatem eius
iam esse consequens erit. l. 18 pr. D. ad leg. Falc. (35. 2)…
fieri hereditatem aditione eius…. — Ueber die auf die
Pendenz und Rückziehung bezüglichen Ausführungen in dem Werk von
Fitting: Das Castrense Peculium. Halle 1871, vgl. die Krit.
Vierteljahrsschr. Bb. 13 S. 262.
166) l. 63 § 4 D. de A. R. D. (41. 1)… ex principis auctoritate creditor ut proprium agrum tenere coepit iure dominii.
c. 3 § 2 C. de iure dom. imp. (8. 34)… sin uero nemo est, qui com-
parare eam maluerit et necessarium fiat creditori saltem sibi eam
iure dominii possidere… § 3.. habeat ex diuino oraculo eam
in suo dominio… l. 24 pr. D. de pign. act. (13. 7), l. 5 § 3 D
de reb. cor. (27. 9).

aber gleichzeitig erwirbt baffelbe von ihm der Schuldner sub
conditione zurück, und zwar unter der alternativen Bedingung,
daß er den Gläubiger innerhalb zwei Jahren befriedigt¹⁶⁷), oder
daß der Gläubiger während dieser Frist durch Verzicht auf sein
Privilegium in seine Stellung als Pfandgläubiger zurücktritt¹⁶⁸).
Beide Bedingungen erfüllen sich mit rückwirkender Kraft, weil
nicht das künftige, sondern das gegenwärtige Eigenthum des
Schuldners in pendenti sein soll. Der vom Gläubiger auf
dem zugeschlagenen Grundstück gefundene Schatz kommt des=
halb in dem einen wie in dem andern Fall zur Hälfte rück=
wärts in's Eigenthum des Schuldners¹⁶⁹). Hinsichtlich der
pendente conditione über das Pfand getroffenen Dispositio=

---

167) c. 3 § 3 C. h. t. (8. 84)... pietatis intuitu habeat debitor
intra biennii tempus in suam rem humanum regressum ex die
sacri oraculi numerandum, et liceat ei, creditori, qui iam dominus factus est, offerre debitum cum usuris et damnis uitio eius
creditori illatis.. et suum pignus recuperare.

168) c. 2 C. h. t. (8. 34) Si creditor pignus iure dominii a
nostra serenitate possidere petiit et post formam rescripti alio anno
usuras a uobis accepit, a beneficio impetrato recessisse,
uidetur. c. 3 § 5 C. cod. Sin uero creditor, postquam iure dominii hoc possideat, uendere hoc maluerit, liceat quidem ei hoc facere,
si quid autem superfluum sit, debitori seruare.

169) l. 63 § 4 D. de A. R. D. (41. 1). Quod si creditor inue-
nerit, in alieno uidebitur inuenisse; partem itaque sibi, partem debitori praestabit, nec recepta pecunia restituet, quod iure inuen-
toris, non creditoris ex thesauro apud eum remansit. Quae
quum ita sint, et quum ex Principis auctoritate creditor ut proprium agrum tenere coepit iure dominii,
intra constitutum luendi tempus pignoris causa
uertitur; post transactum autem tempus thesaurum in eo inuen-
tum ante solutam pecuniam totum tenebit; oblato uero intra
constitutum tempus debito, quoniam uniuersa praestantur
atque in simplici pignore reuocantur, restitui debebit, sed pro parte sola, quia dimidium inuentori
semper placet relinqui.

nen hat aber die Rückziehung eine verschiedene Wirkung, je
nachdem der Schuldner zahlt, oder der Gläubiger auf sein
Privilegium verzichtet. Dort hebt sie einerseits die dinglichen
Dispositionen des Gläubigers auf und bringt andererseits die
bisher pendenten Dispositionen des Schuldners rückwärts zu
rechtlicher Geltung (S. 19); hier kann sie nur die letzte Wirkung haben, weil der Gläubiger sein Recht, auf das Privilegium zu verzichten, verliert, wenn er das ihm zugeschlagene
Eigenthum durch Einräumung von iura in re ausübt. So
macht der bedingte Erwerb des Schuldners den Gläubiger zu einem
provisorischen Eigenthümer, der jenem eventuell rückwärts
weichen muß; erst durch die Deficienz der Bedingung wird
sein Eigenthum ein definitives [170]). Uebersteigt der Werth des
Pfandes zu dieser Zeit den Betrag der Pfandforderung, so
erhält er, da der Zuschlag um die Taxe erfolgt [171]), das
Eigenthum nur zu einer Quote, aber mit dem Vorrecht,

---

170) c. 3 § 3 i. f. C. h. t. (8. 34)... Siu autem biennium
fuerit clapsum, plenissime habeat rem creditor idemque dominus iam irrevocabilem factam. Nach dieser
Ausdrucksweise Justinian's kann man beim Pfandgläubiger allen-
falls von einer Revocabilität seines Eigenthums sprechen, weil
der Rückerwerb des Schuldners von einer Potestativbedingung desselben
abhängig ist. Daß die Anwendung dieses Begriffs auf anderweitige
Pendenzfälle (dominium reuocabile ex nunc und ex tunc) ganz un-
geeignet ist, bedarf keines weiteren Nachweises, vgl. Windscheid,
Pand. § 165 Note 8.

171) c. 3 § 6 C. h. t. (8. 34) Aestimationem autem pignoris,
donec apud creditorem eundemque dominum per-
maneat, siue amplioris siue minoris, quantum ad debitum, quau-
titatis est, iudicialis esse uolumus disceptationis, ut, quod index
super hoc statuerit, hoc in aestimatione pignoris obtineat. Gegen
Dernburg, Pfandr. II S. 246, der das Pfand nicht nach seinem
Werth bei Ablauf der Einlösungsfrist, sondern zur Zeit des Zuschlags
ästimirt wissen will, vgl. v. Wächter a. a. O. S. 26 Note 12.

die communicatio durch Auskauf des Schuldners aufzuhe=
ben [172]).

Diesem durch die dominii impetratio begründeten Eigen=
thumserwerb ist der Fruchterwerb des b. f. possessor völlig
analog. Der rechtmäßige Besitzer wird durch die Separation
sofort Eigenthümer der Früchte (statim ubi a solo separati sunt, eius fiunt), gleichviel ob sein Besitz an der frucht=
tragenden Sache auch zur Usucapion geeignet ist oder nicht [173]),
und gleichviel ob die separirten Früchte fructus naturales oder
industriales sind [173 a]), aber er erwirbt das Eigenthum zunächst
nur provisorisch (suos interim facit): denn von ihm er=
wirbt es gleichzeitig der Dominus unter der Bedingung, daß
er die Früchte vindicirt, bevor der b. f. possessor sie consu=
mirt. Dieser bedingte Erwerb giebt ihm in der Bildung be=
griffenes Eigenthum: durch die Erfüllung der Bedingung wird
dasselbe rückwärts perfect, und das provisorische Eigenthum des
b. f. possessor geht rückwärts unter, durch die Deficienz der
Bedingung wird das begonnene Eigenthum des Dominus rück=
wärts aufgehoben, und das provisorische des b. f. possessor

172) c. 8 § 4 C. h. t. (S. 84)... Sin autem minus quidem in
debito. amplius autem in pignore fiat, tunc in hoc, quod debitum
excedit, debitori omnia iura integra lege nostra serua-
buntur... Et ne ex communicatione fiat aliqua diffi-
cultas, licentia dabitur creditori seu domino, aestimationem superflui
debitori uel creditori debitoris cum competente cautela in eum
exponenda offerre.

173) l. 48 pr. D. de A. R. D. (41. 1)... Nec interest, ea res
quam bona fide emi, longo tempore capi possit necne, ueluti si
pupilli sit aut ui possessa aut praesidi contra legem repetundarum
donata ab eoque abalienata sit bonae fidei emptori.

173a) l. 48 pr. D. eod. Bonae fidei emptor non dubie percipiendo fructus etiam ex aliena re suos interim facit non tantum
eos, qui diligentia et opera eius peruenerunt, sed
omnes.

wird rückwärts ein definitives (fructus consumptos suos facit; fructus, quos percepit, eius sunt[174]).

Demnach hat der b. f. possessor Eigenthum, quod abire speratur, si conditio extiterit, wie der Trabent bei der bedingten Tradition[174a]); der für den Dominus begonnene Eigenthumserwerb bewirkt für ihn einen begonnenen Eigenthumsverlust, der in pendenti ist. Dadurch wird, so lange sich die Bedingung nicht erfüllt hat, sein plenum ius nicht ausgeschlossen[175]). Deshalb kommen ihm inzwischen alle Befugnisse des Eigenthümers zu[176]). Wenn aber der Eintritt der Bedingung sein provisorisches Eigenthum rückwärts aufhebt, werden alle seine dinglichen Dispositionen, da auch sie nur provisorische sein konnten, ab initio nichtig, und alle von ihm noch nicht angestellten oder noch anhängigen Klagen stehen jetzt dem Dominus zu[177]); nur auf die schon zu Ende geführten Klagen influirt die Rückziehung nicht, weil sie vollendete Rechtsverhältnisse niemals rückgängig macht.

Kraft seines bedingten Eigenthums kann neben dem b. f. possessor auch der Dominus über die Früchte dinglich disponiren, wie bei der bedingten Tradition der Accipient über die tradirte Sache. Die von ihm bestellten iura in re entstehen als bedingte und werden an den vindicirten fructus exstantes

---

174) Vgl. S. 46. 50.

174a) Vgl. meine Abhandlung S. 42 ff.

175) l. 66 D. de R. U. (6. 1) Non ideo minus recte quid nostrum esse uindicabimus, quod abire a nobis dominium speratur, si conditio legati uel libertatis extiterit.

176) l. 205 D. de R. J. (50. 17) Plerumque fit, ut etiam ea, quae a nobis abire possint, proinde in eo statu sint, atque si non essent eius conditionis, ut abire possent. Et ideo quod fisco obligamus, et uindicare interim et alienare et seruitutem praedio imponere possumus.

177) l. 14 pr. D. de cond. furt. (13. 1).

rückwärts vom Moment ihrer Bestellung perfect, weil sich das
Eigenthum des Bestellers rückwärts ex die separationis voll=
endet; dagegen an den consumirten Früchten gehen sie rück=
wärts unter, weil die Consumption das begonnene Eigenthum
des Dominus rückwärts aufhebt, und deshalb die Früchte jetzt
niemals zu dessen Vermögen gehört haben:

L. 1 § 2 D. de pign. (20. 1) Papin. l. 11 Resp.
Quum praedium pignori daretur, nominatim, ut fructus
quoque pignori essent, conuenit. Eos consumptos· bona
fide emptor utili Seruiana restituere non cogetur: pignoris etenim causam nec usucapione peremi placuit, quoniam quaestio pignoris· ab intentione dominii separatur;
quod in fructibus dissimile est, qui nunquam debitoris fuerunt[178]).

Hier heißt es: der Grundsatz, nach welchem das Pfand=
recht fortdauert, wenn der Verpfänder ·sein Eigenthum am
Pfande durch Ersitzung verliert, kann keine Anwendung finden
auf den Fall, wo der b. f. possessor Eigenthümer der vom
Dominus verpfändeten Früchte wird: denn dieser Eigenthums=
erwerb schließt keinen Verlust des Eigenthums für den Ver=
pfänder in sich, weil die vor der Vindication vom b. f. possessor consumirten Früchte niemals im Eigenthum des Ver=
pfänders gestanden haben.

Aus dem Umstande, daß der b. f. possessor die Früchte
originär, nicht vom Dominus, sondern dieser sub conditione
von ihm erwirbt, ergiebt sich, daß es für das Recht beider Theile
ganz irrelevant ist, ob der b. f. possessor die Früchte auch
noch ersitzt. Selbstverständlich kann er sie im Usucapionsbesitz ha=
ben[179]) und auf Grund desselben im Fall der Besitzentziehung

---

178) Vgl. l. 29 § 1 D. de pignor. (20. 1).
179) l. 2 D. pro suo (41. 10).

die actio Publiciana anstellen [180]), aber sein Eigenthum erleidet durch die Vollendung der Usucapion keine Veränderung,
weil es keine usucapio libertatis giebt, welche das begonnene
Eigenthum des Dominus aufheben kann. Die Behauptung,
daß die Usucapion den b. f. possessor von der Restitution der
fructus exstantes befreie, ist ebenso unrichtig, wie der Satz,
daß der Dominus auch die vom b. f. possessor veräußerten
Früchte noch bis zur Ersitzung vindiciren könne, weil die Veräußerung keine Consumption sei [181]). Dieser Satz steht direct mit
den Quellen in Widerspruch:

l. 4 § 19 D. de usurp. (41. 3) Paul. l. 54 ad Ed.
Lana ouium furtiuarum, si quidem apud furem detonsa
est, usucapi non potest; si uero apud bonae fidei
emptorem, contra: quoniam in fructu est, nec usucapi
debet, sed statim emptoris fit. Idem in agnis dicendum,
si consumpti sint; quod uerum est.

Die Wolle von gestohlenen Schafen, welche beim Diebe
geschoren wird, ist eine res furtiua, weil er durch die mala
fide erfolgte Apprehension auch an ihr ein furtum begeht. Deshalb sagt Paulus: sie kann von dem, der sie kauft, obwohl
er in bona fide ist, nicht usucapirt werden. Wenn dagegen,
fährt er fort, die Wolle beim b. f. emptor geschoren ist
und von ihm verkauft wird, so ist sie nicht usucapions-
unfähig; der Käufer braucht sie aber nicht mehr zu usuca-
piren, sondern wird sofort und nicht blos provisorisch Eigenthümer, weil sie als Frucht mit der durch ihre Veräußerung
bewirkten Consumption schon definitives Eigenthum des Verkäufers geworden ist. Ebenso verhält es sich mit den beim b. f.
emptor geborenen Lämmern von gestohlenen Schafen, wenn sie

---

180) l. 11 § 4 D. de Public. i. r. act. (6. 2).
181) Vgl. oben S. 4. 7.

von ihm verzehrt oder veräußert sind (si consumpti sint [181a]), und zwar gleichviel, ob die Schafe schon beim Ankauf trächtig waren, oder es erst nachher wurden: denn als Frucht sind sie nach der Separation keine pars rei furtivae, sondern neue Sachen.

Zu Paulus Zeit stand es fest, daß auch die Conception des partus beim Diebe den Erwerb des b. f. possessor nicht hindern dürfe, während Marcellus noch abweichender Ansicht war, weil er auf den Begriff der Frucht keine Rücksicht nahm:

l. 48 § 2 D. de A. R. D. (41. 1) Paul. l. 7 ad Plaut.

Et ouium fetus in fructu sunt et ideo ad bonae fidei emptorem pertinent, etiamsi praegnantes uenierint uel (et? [182]) subreptae sint Et sane quin lac suum faciat, quamuis plenis uberibus uenierint, dubitari non potest. Idemque in lana iuris est.

l. 10 § 2 D. de usurp. (41. 3) Ulp. l. 16 ad Ed. Scaeuola libro undecimo quaestionum scribit Marcellum existimasse, si bos apud furem concepit uel apud furis heredem pariatque apud furis he-

---

181a) Diese Worte werden von manchen Juristen ohne Grund beanstandet; v. Vangerow Pand. § 326 S. 617 scheint sie für ein Glossem zu halten, und Jhering will nach einer zustimmenden Mittheilung Mommsen's in den Emendanda et Addenda zur Digestenausgabe statt si consumpti sint lesen: si non summisit, unter Bezugnahme auf l. 69 und 70 § 1 D. de usufr.; s. oben S. 42. Es wird von ihnen übersehen, daß Paulus, wie im ersten Fall der Stelle eine Veräußerung der Wolle von Seiten des Diebes, so im zweiten Fall eine Veräußerung von Seiten des b. f. emptor voraussetzt und deshalb hier schon implicite den Satz ausspricht, auf den er im letzten Fall der Stelle mit den Worten si consumpti sint hinweist: durch die Consumption wird der b. f. possessor definitiv Eigenthümer der Früchte.

182) Daß hier et statt uel zu lesen ist, kann wohl nicht zweifelhaft sein.

redem, usucapi ab herede distractum iuuen-
cum non posse: sic, inquit, quemadmodum nec ancillae partus. Scaeuola autem scribit se putare usu-
capere posse (emptorem) [183]) et partum: nec enim
esse partum rei furtiuae partem. Ceterum si
esset pars, nec si apud bonae fidei emptorem
peperisset, usucapi poterat.

Der Erbe des Diebes succedirt in die mala fides seines Erblassers. Deshalb kann er den partus von dem gestohlenen Thier, obwohl ihm das Furtum unbekannt ist, nicht usucapi-ren, gleichviel ob der partus noch beim Erblasser concipirt, oder ob er erst beim Erben concipirt und geboren ist [184]). Dagegen für den Singularsuccessor des Erben ist die Ersitzung nicht ausgeschlossen, weil der partus als Frucht keine pars rei furtiuae und deshalb kein partus furtiuus ist. Nur wenn er ein Theil der gestohlenen Sache wäre, würde er dem partus ancillae gleich stehen, und selbst die Geburt beim b. f. emptor ihn nicht usucapionsfähig machen: denn das beim Diebe oder dessen Erben concipirte Sclavenkind wird als portio mulieris von dem uitium furti ergriffen und bleibt auch nach der Geburt mit demselben behaftet [185]), weil es keine Frucht ist und deshalb keine Sache, die als das, was sie jetzt ist, überhaupt noch nicht existirt hat [186]). Aus diesem Grunde ist die Usucapion des partus ancillae nur möglich, wenn die Conception erst beim b. f. emptor Statt gefunden hat; dann

---

[183] Ist nach Mommsen einzuschalten: das nachfolgende et dürfte zu streichen sein.

[184] l. 4 § 15 D. de usurp. (41. 3).

[185] l. 26 D. de statu hom. (1. 5).

[186] l. 27 D. de H. P. (5. 3). l. 68 pr. D. de usucap. (7. 1) Vgl. Göding Institt. § 79 Note 5.

bleibt er vom uitium furti frei, weil er nicht beim Diebe pars rei furtiuae geworden ist:

l. 48 § 5 D. de furt. (47. 2) Ulp. l. 42 ad Sab. Ancilla si subripiatur praegnans uel apud furem concepit, partus furtiuus est, siue apud furem edatur siue apud bonae fidei possessorem: sed in hoc posteriore casu furti actio cessat. Sed si concepit apud bonae fidei possessorem ibique peperit, eueniet, ut partus furtiuus non sit, uerum etiam usucapi possit.

Die Fortſetzung dieſer Stelle lautet nach den Handſchriften, mit denen die Baſiliken übereinſtimmen, folgendermaßen:

Idem et in pecudibus seruandum est et in fetu eorum, quod in partu. § 6. Ex furtiuis equis nati statim ad bonae fidei emptorem pertinebunt, merito, quia in fructu numerantur: at partus ancillae non numeratur in fructu.

Mommſen nimmt an, der § 6 ſei dem erſten Satz voranzuſtellen und in dieſem am Schluß quod in partu zu ſtreichen. Daß Ulpian in der That ſo geſchrieben haben muß, unterliegt nach der eben beſprochenen l. 10 § 2 D. de usurp. keinem Zweifel. Nach ihr konnte er nur ſagen wollen: der beim b. f. emptor geborene partus von geſtohlenen Thieren braucht nicht mehr uſucapirt zu werden, er kommt als Frucht ſofort in deſſen Eigenthum, aber, wie bekannt, zunächſt proviſoriſch, weil zugleich von ihm der Dominus unter der Bedingung der Vindication vor der Conſumption das Eigenthum erwirbt [187]).

Damit dieſer Erwerb mit der Separation für den b. f. possessor eintreten kann, muß er ſeinen Anfang ſchon früher nehmen; beſtände bis dahin keinerlei Berechtigung an der

---

187) Vgl. l. 28 D. de usur. (22. 1), § 37 I. de R. D. (2. 1).

Frucht, so würde sie bei der Trennung von der Hauptsache eine res nullius sein, die erst durch Besitzergreifung in's Eigenthum gebracht werden könnte. In dem Eigenthum an einer fruchttragenden Sache liegt sofort der Keim zu einem besonderen Eigenthum an der Frucht. Mit der Entwickelung der Frucht beginnt auch die Entwickelung dieses Eigenthums, und wenn sich die Entstehung der neuen Sache durch die Separation vollendet, wird auch das neue Eigenthum an ihr perfect, entweder für den Dominus oder für den b. f. possessor. Beide erwerben das in der Bildung begriffene Recht sub conditione: der Besitzer unter der conditio iuris, daß er auch bei der Separation noch in bona fide ist, der Dominus sub conditione contraria. Deficirt die conditio für den Dominus, so erhält er jetzt statt seiner bisherigen spes die neue, welche das perfecte Eigenthum des Besitzers zum provisorischen macht.

Die b. f. possessio begründet also, obwohl sie an der fruchttragenden Sache nur ein factisches Verhältniß ist, an den Früchten eine dingliche Berechtigung, welche definitives Eigenthum wird, wenn die beiden durch das Recht dafür aufgestellten Bedingungen eingetreten sind: die Separation und die Consumption vor der Vindication. Bis zur Separation geht diese Berechtigung durch einen Wechsel des Besitzers zugleich mit dem Besitze unter, weil sie noch kein selbständiges Recht, sondern nur eine Qualität des rechtmäßigen Besitzes ist. Als solche kann sie von dem neuen Besitzer nur von Neuem erworben werden; und als solche muß sie auch durch mala fides superveniens erlöschen. Auf sie kann nicht, wie auf den Usucapionsbesitz, der Grundsatz Anwendung finden, ut quae semel utiliter constituta sunt, durent. licet ille casus exstiterit, a quo initium capere non potuerunt [188]), es muß bei ihr das entgegengesetzte Princip Platz greifen: ea, quae recte constiterunt, resoluuntur, quum in eum casum reciderunt, a quo non potuissent consistere [189]). Der Usucapionsbesitz ist schon ein selbständiges, durch die actio Publiciana geschütztes Recht, keine bloße Qualität des Besitzes. Deshalb setzt die conditio usucapiendi nur die Fortdauer der possessio, nicht auch die Fortdauer der bona fides voraus; und selbst von der possessio läßt sie sich iure singulari beim Tode des Usucapienten so ablösen, • daß sie durch bloßen Ablauf der Usucapionszeit zu einem Eigenthumsrecht der Erbschaft oder des Erben wird [190]). Bei der aus der b. f. possessio fließenden Berechtigung auf die Früchte läßt das Maß ihrer Entwickelung diese Ablösung nicht zu. Die nach dem Tode des Besitzers separirten Früchte werden demgemäß nicht Eigenthum seiner Erbschaft [191]), und mala fides zur Zeit der Separation schließt den Erwerb für ihn aus:

l. 40 D. de A. R. D. (41. 1) Afric. l. 7 Quaest.

Quaesitum est, si is, cui liber homo bona fide serviret, decesserit eique is heres extiterit, qui liberum cum esse sciat, an aliquid per eum adquirat. Non esse ait, ut hic bona fide possessor uideatur, quando sciens liberum possidere coeperit, quia et si fundum suum quis legauerit, heres, qui cum legatum esse

---

189) l. 98 pr., l. 140 § 2 D. de U. O. (45. 1).

190) Vgl. mein System des Erbrechts S. 228 ff.

191) Fitting im Arch. f. civ. Pr. Bd. 52. S. 276 wirft die Frage auf, „ob das römische Recht gleichwie in Ansehung der Ersitzung, so auch in Ansehung des Fruchterwerbs der Erbschaft die Fähigkeit zu einem Besitze beilege?" Bei dieser Fragstellung ist übersehen, daß die Fähigkeit der hereditas iacens zum Eigenthumserwerb durch Usucapion ihren Grund nicht in einer ihr beigelegten Fähigkeit zum Besitze hat; die Usucapion vollendet sich hier ohne Besitz. Vgl. mein Erbr. a. a. O.

sciat, procul dubio fructus ex eo suos non faciet: et
multo magis si testator eum alienum bona
fide emptum possedit. Et circa seruorum igitur
operam ac ministerium eandem rationem sequendam, ut,
siue alieni siue proprii uel legati uel manumissi testamento fuerint, nihil per eos heredibus, qui modo eorum
id non ignorarent, adquiratur. Etenim simul haec
fere cedere, ut, quo casu fructus praediorum
consumptos suos faciat bona fide possessor,
eodem per seruum ex opera et ex re ipsius
ei adquiratur.

Ursprünglich war die Frage, ob mala fides superueniens auf das Recht des b. f. possessor influiren dürfe, unter
den römischen Juristen bestritten. Von Julian wurde
sie verneint. Er behauptete nicht, daß der Besitzer streng
genommen noch gar nicht in mala fide sei, wenn er abwarte,
ob die Sache ihm wirlich abvindicirt, und ob sie ihm dann
nicht vielleicht durch die Vertheidigung seines Auctors verblei=
ben werde [192]), sondern er nahm irrthümlich an, daß, wie beim
Usucapionsbesitz, auch bei der b. f. possessio nur das initium in Betracht komme, 'also für die einzelnen Fälle des
Fruchterwerbs die bona fides nicht mehr erforderlich sei,
weder beim Besitz von fruchttragenden Sachen, noch beim Besitz
von Sclaven oder vermeintlichen Sclaven. Die späteren Ju=
risten recipirten hier wie dort die entgegengesetzte Ansicht; sie
forderten die bona fides bis zur Consumption:

l. 25 § 2 D. de usur. (22. 1) Iulian. l. 7 Dig.
Bonae fidei emptor seuit et antequam fructus percipe-

[192) Vgl. v. Scheurl, Beiträge I. S. 297, der sich aus diesem
Grunde für Julian's Ansicht erklärt, und gegen ihn Göppert a. a.
O. S. 368 ff.

ret, cognouit fundum alienum esse: an perceptione fructus suos faciat. quaeritur. Respondi: bonae fidei emptor quod ad percipiendos fructus intellegi debet, quamdiu euictus fundus non fuerit: nam et servus alienus. quem bona fide emero, tamdiu mihi ex re mea uel ex operis suis adquiret. quamdiu a me euictus non fuerit.

> l. 48 pr. D. de A. R. D. (41. 1) Paul. l. 7 ad Plaut.

.... Denique etiam priusquam percipiat. statim ubi a solo separati sunt. bonae fidei emptoris fiunt. Nec interest. ea res. quam bona fide emi. longo tempore capi possit necne. ueluti si pupilli sit aut ui possessa aut praesidi contra legem repetundarum donata ab eoque abalienata sit bonae fidei emptori. § 1. In contrarium quaeritur, si eo tempore. quo mihi res traditur. putem uendentis esse, deinde cognouero alienam esse. quia perseuerat per longum tempus capio, an fructus meos faciam. Pomponius uerendum. ne non sit bonae fidei possessor, quamuis capiat: hoc enim ad ius. id est capionem. illud ad factum pertinere. ut quis bona aut mala fide possideat: nec contrarium est. quod longum tempus currit. nam e contrario is. qui non potest capere propter rei uitium. fructus suos facit.

> l. 23 § 1 D. de h. t. Ulp. l. 43 ad Sab.

Tamdiu autem adquirit, quamdiu bona fide seruit: ceterum si coeperit scire esse cum alienum uel liberum uideamus. an ei adquirit. Quaestio in eo est. utrum initium spectamus an singula momenta: et magis est, ut singula momenta spectemus.

Julian stellte nach der l. 25 § 2 cit. den Satz auf:
wer den Besitz einer Sache bona fide erworben hat, gilt hin=
sichtlich des Fruchterwerbes so lange als b. f. possessor, bis
ihm die Sache vom Dominus evincirt ist; er erwirbt die
Früchte durch die Consumption (perceptione suos facit),
wenn er gleich vor derselben (antequam fructus perci=
peret)[193] erfahren hat, daß die Sache eine fremde sei, denn
durch einen b. f. gekauften Sclaven erwirbt der Käufer auch bis
zur Eviction, obwohl er zur Zeit, wo die Erwerbungen Statt fin=
den, nicht mehr in bona fide ist. Nach der l. 48 § 1 cit.
wurde diese Theorie von Pomponius verworfen, weil der
Besitzer vom Moment, wo er wisse, daß ihm die Sache nicht
gehöre, ein malae fidei possessor sei und als solcher, wenn
auch sein Usucapionsbesitz trotz der mala fides superueniens
fortdaure, die Früchte nicht durch die Consumption erwerben
könne. Dieselbe Entscheidung gab in der oben (S. 84) citir=
ten l. 40 D. de A. R. D. schon African und später wurde
sie auch von Ulpian und Paulus adoptirt. Es gelangte
deshalb folgendes Princip zur Geltung: bei den Erwerbungen
des Sclaven wie bei den natürlichen Früchten muß auf die
singula momenta gesehen, also untersucht werden, in wel=
chen Fällen der Besitzer dort zur Zeit der operae, hier zur
Zeit der Separation und Consumption noch in bona fide
war und in welchen nicht. Fehlte es schon bei der Separa=
tion an der bona fides, so hat er die Früchte überhaupt nicht
erworben, sondern sofort pure der Dominus. Trat die mala
fides erst nach der Separation ein, so ist mit ihr sein provi=
sorisches Eigenthum rückwärts untergegangen[194]), und das be=
dingte Eigenthum des Dominus rückwärts ex die separa-

---

193) Vgl. oben S. 46 und die l. 25 § 1 D. de usur. auf S. 44.
194) Vgl. Marezoll in d. Zeitschr. f. Civ. u. Pr. Bd. 18 S. 251.

tionis perfect geworden, weil sich die Bedingung für diesen Erwerb erfüllt hat: er erwirbt die Früchte nicht blos unter der Bedingung, daß er sie vindicirt, bevor der Besitzer sie consumirt, sondern auch unter der Bedingung, daß der Besitzer vor der Consumption aus einem b. f. possessor ein m. f. possessor wird. Der Beweis, daß er dies geworden ist, fordert die Anführung von Umständen, aus welchen die mala fides mit Sicherheit geschlossen werden kann; deshalb reicht der Nachweis des Dominus, daß er den Besitzer zur Restitution der Sache und der Früchte aufgefordert und dadurch gemahnt habe, nicht aus [195]).

Hiernach kann der Dominus hinsichtlich der Früchte folgende Rechte haben: Eigenthum, welches bei der Separation begonnen und sich mit der Vindication oder durch mala fides superueniens vollendet hat, Eigenthum, welches schon bei Separation perfect geworden ist, weil der Besitzer bereits zu dieser Zeit in mala fide war, und eine Forderung aus der ungerechtfertigten Bereicherung, wenn der Besitzer die Früchte nach eingetretener mala fides consumirt hat. Die Klagen aus diesen Rechten stehen dem Dominus nicht blos in Verbindung mit der Klage auf die Hauptsache zu, er kann sie auch selbstständig anstellen, wenn er das präjudicielle Eigenthum an der Hauptsache beweist [196]).

---

195) Vgl. Seuffert's Arch. Bo. 12 Nr. 126.
196) l. 18 D. de except. (44. 1) . . . Si eius fundi, quem tu possideas et ego proprium meum esse dicam, fructus condicere tibi uelim: quaesitum est an exceptio quod praeiudicium fundo partine eius non fiat obstet an deneganda sit. Et utrubique putat interuenire praetorem debere nec permittere petitori, priusquam de proprietate constet, huiusmodi iudiciis experiri. — c. 3 C. de cond. ex lege 4. 9) Mala fide possidens, de proprietate uictus, de exstantibus fructibus uindicatione, de consumptis uero condictione conuentus, eorum restitutioni parere compellitur. Vgl. Seuffert's Arch. Bo. 1 Nr. 152, Bo. 19 Nr. 109.

Es läßt sich nicht absehen, aus welchem Grunde er das Kalb nicht sollte vindiciren können, wenn die Kuh beim b. f. possessor untergegangen oder von demselben veräußert ist [197]). Auch gegen den Besitzer der Hauptsache erlöschen die Klagen auf die Früchte nicht mit der Klage auf die Hauptsache, weil die Früchte hier nicht bloße Accessionen sind. Wenn der Dominus die Hauptsache vindicirt, ohne damit die Vindication oder Condiction der Früchte zu verbinden [198]), so kann er sie noch in einem nachfolgenden zweiten Proceß einklagen [199]);

197) l. 48 D. de emt. (21. 2) Vaccae emptor. si vitulus qui post emptionem natus est evincatur, agere ex duplae stipulatione non potest, quia nec ipsa nec ususfructus evincitur. Die herrschende Doctrin stellt bekanntlich den Satz auf: das römische Recht lasse nur gegen den malae fidei possessor, nicht auch gegen den bonae fidei possessor eine selbständige Vindication der Früchte zu. Sie stützt sich dabei auf c. 4 C. de crim. exp. heredit. (9. 32), c. 3 C. de cond. ex lege (4. 9). l. 22 § 2 D. de pign. act. (13. 7) und nimmt an, daß in der l. 48 cit. von einem Käufer die Rede sei, der von vornherein oder doch bei der Separation der Frucht nicht mehr in bona fide war, vgl. v. Bangerow Pand. § 326 Anm. 2 sub b, Arndt's Band. § 156 Anm. 3 sub c, Brinz, Pand. § 54. In jenen Stellen steht aber nur, daß der Dominus vom m. f. possessor nicht blos die fructus exstantes vindiciren, sondern auch die fructus consumpti condiciren könne; wie dies geschehen müsse, ob in Verbindung mit der Klage auf die Hauptsache, oder ob und wann auch eine selbständige Klage zulässig sei, darüber enthalten sie nichts. Auch aus § 35 J. de R. D. (2. 1) und c. 22 C. de R. V. (3. 32) ergiebt sich nur, daß die Klage auf die Früchte gegen den b. f. wie gegen den m. f. possessor mit der Klage auf die Hauptsache verbunden werden kann.

198) Vgl. l. 25 § 8 D. de aed. ed. (21. 1). l. 10 D. de usur. (22. 1).

199) arg. c. 1 C. de ind. (3. 1). Die c. 3 C. de fruct. et lit. exp. (7. 51). auf die man die entgegengesetzte Entscheidung gestützt hat (vgl. Glück, Comment. Bd. 8 S. 299), schließt nach dem Proceß über die Hauptsache eine neue Klage auf die Proceßkosten aus; sie spricht also von einer Leistung, die nur eine Accession der Klage auf die Hauptsache ist, vgl. Puchta, Vorl. § 37.

und wenn der Besitzer gegen die Vindication der Hauptsache die praescriptio temporis hat, so wird er dadurch von den Klagen auf die Früchte nicht befreit[200]). Nur durch die Ersitzung der Hauptsache gehen auch die Klagen auf die Früchte unter, sowohl gegen den Usucapienten, von dem sie vollendet, wie gegen seine Auctoren, von denen sie begonnen und fortgesetzt ist: denn die Ersitzung vollendet sich stets mit rückwirkender Kraft. Während sie läuft ist das gegenwärtige Eigenthum der successiven Usucapionsbesitzer factisch in pendenti; deshalb wird nach ihrer Vollendung der Erwerb des Eigenthums auf die Zeit, wo sie angefangen hat, zurückdatirt[201]). Diese Rückziehung macht, da die Pendenz eine

200) Die c. 26 pr. C. de usur. (4. 32), nach welcher auf Zinsen und Früchte nicht mehr geklagt werden kann, wenn eine actio in personam oder die actio hypothecaria auf die Hauptsache verjährt ist, bezieht sich nicht, wie die herrschende Doctrin annimmt, auf Zinsen und Früchte, die mit besonderen Klagen gefordert werden können, sondern nur auf Fälle, wo sie Nebengegenstand der Klage auf die Hauptsache sind, vgl. c. 13 C. de usur. (4. 32), c. 4 C. depos. (4. 34), l. 18 § 2 D. de pign. act. (13. 7). Die Worte: asserendo singulis annis earum actiones nasci rechtfertigen jene Interpretation nicht: sie verwerfen nur die irrige Ansicht, daß es hier besondere Klagen gebe.

201) Gaius II. 41... semel enim impleta usucapione proinde pleno iure incipit, id est et in bonis et ex iure Quiritium tua res esse, ac si ea mancipata uel in iure cessa esset. Diese Worte weisen auf die Rückziehung hin: es kommt zwar das quiritische Eigenthum erst durch die Vollendung der Usucapion zur Existenz (incipit), aber nachdem es entstanden ist, wird es so behandelt, als ob es schon bei der Tradition der Sache durch mancipatio oder in iure cessio erworben wäre. Von dem Vater, der eine castrensische Sache veräußert hat, heißt es ebenfalls: tunc adquisita creditur, quum filius decesserit, und zugleich: retro creditur pater dominium habuisse. Man wird nicht bezweifeln können, daß das vom bonitarischen Eigenthümer errichtete Vindicationslegat (Gaius II. 196. 222) durch die Ersitzung der Sache ex postfacto gültig wurde, wie das Vindicationslegat des Paterfamilias über eine castrensische Sache, wenn der Sohn ohne Testament verstarb (Note 161. 162).

bloß factische ist, die Dispositionen des Dominus über die Sache nicht ungültig²⁰²) und bringt demgemäß die Dispositionen der Usucapionsbesitzer nur soweit zu definitiver Geltung, als sie mit jenen nicht collidiren, aber die eigenen Rechte des Dominus hebt sie rückwärts auf. Wie der beschenkte Ehegatte beim Tode des Schenkers das Eigenthum an der geschenkten Sache rückwärts seit der Tradition erwirbt und in Folge dessen das Eigenthum an den Früchten rückwärts seit der Separation²⁰³), so erwerben die successiven Usucapionsbesitzer das Eigenthum an der ersessenen Sache rückwärts seit dem Anfang ihres Besitzes und das Eigenthum an den Früchten und an den fructus fructuum rückwärts ex die separationis. Das mißliche Ergebniß, daß der Besitzer nach erfolgter Usucapion der Hauptsache noch wegen vorher gezogener Früchte belangt werden könnte²⁰⁴), wird demnach durch die rechtliche Natur der Usucapion ausgeschlossen. Dem Usucapionsbesitzer gegenüber genügt es nicht, daß der Dominus die Früchte vor der Consumption vindicirt, er muß sie auch vor der Usucapion der Hauptsache vindiciren. Durch die Consumption wird sein Recht an fructus exstantes, die von den consumirten Früchten gewonnen sind, nicht berührt, weil er auch die fructus fructuum unter der Bedingung der Vindication vor der Consumption erwirbt; die Usucapion der Hauptsache zerstört dagegen nicht bloß sein begonnenes Eigenthum an allen noch vorhandenen Früchten, sie entzieht ihm nach römischem Recht auch die condictio wegen der consumirten Früchte, bei deren Separation oder Consumption der Usucapient nicht mehr in bona fide

---

202) l. 44 § 5 D. de usurp. (41. 3). l. 2 pr. D. pro herede (41. 5). c. 7 C. de pignor (8. 14). l. 1 § 2 D. de pign. (20. 1).

203) l. 11 § 9 D. de don. i. u. e. u. (24. 1).

204) Vgl. eben S. 11.

war. Nach heutigem Recht kann sie die letzte Wirkung nicht mehr haben, da sie durch mala fides superueniens unterbrochen wird.

Das Fruchtrecht in der bisher entwickelten Gestalt gilt nach dem Grunde, auf welchem es beruht, nur für Früchte im juristischen Sinne, also nur für Erzeugnisse, zu deren Gewinnung die Sache bestimmt ist[205]), und nach seiner Structur setzt es natürliche Früchte voraus. Auf juristische Früchte läßt sich der Begriff der fructus pendentes und separati, und der fructus exstantes und consumpti nicht übertragen, und noch weniger sind an ihnen die Rechtsverhältnisse möglich, die an den natürlichen Früchten schon als Theilen der fruchttragenden Sache beginnen und später bei der Separation und Consumption sich weiter entwickeln. Es kann die Forderung auf den Mieth = oder Pachtzins nicht etwa bis zur Fälligkeit oder bis zur Zahlung den fructus pendentes gleichgestellt, und dann der gezahlte Zins wie die fructus exstantes und der verausgabte wie die fructus consumpti behandelt werden: die Forderung und das Eigenthum an den Mieth = oder Pachtgeldern kommen nothwendig ausschließlich in das Vermögen des b. f. possessor, der den Mieth = oder Pachtcontract geschlossen hat. Man darf daher auch nicht sagen: der b. f. possessor habe an den juristischen Früchten, die er für die Ueberlassung der natürlichen ziehe, dasselbe Recht wie an diesen, weil sie dieselben repräsentirten; so lange er das Pachtgeld oder dessen Werth noch habe, könne der Dominus es condiciren, nach der Consumption aber keinen Ersatz fordern; nur die fructus ciuiles von einer nicht fruchttragenden Sache

---

205) l. 28 § 1 D. de usur. (22. 1) Partus uero ancillae in fructu non est. itaque ad dominum proprietatis pertinet. Vgl. l. 12 pr. D. de ususfr. (7. 1), l. 7 § 12 D. de sol. matr. (24. 3).

gehörten dem b. f. possessor schon vor der Consumption zu vollem Recht nach Analogie eines bona fide besessenen Sclaven[206]). Diese Auffassung übersieht, daß die juristische Frucht aus dem Mieth = und Pachtcontract in der Forderung auf den Mieth = und Pachtzins besteht, und daß deshalb, wenn man hier überhaupt von einer Consumption sprechen könnte, diese mit der Zahlung eintreten müßte, weil mit ihr die Forderung untergeht. So wenig die römischen Juristen bei den operae seruorum von dem Begriff der Consumption Gebrauch machen konnten, so wenig konnten sie ihn sonst auf irgend welche fructus ciuiles zur Anwendung bringen.

Für den rechtmäßigen Besitzer eines Sclaven bestimmte das römische Recht[207]): alle Erwerbungen des Sclaven, welche unter den Begriff der Frucht fallen [ex operis suis uel ex re nostra][208]), gehören, wie dem Usufructuarius, auch dem b. f. possessor[209]), sofern er zur Zeit des Erwerbes noch in

---

206) Diese Theorie Windscheid's (s. oben S. 7) hat auch in der Praxis Anwendung gefunden; vgl. Seuffert's Arch. Bd. 14 Nr. 11.

207) Vgl. Note 77.

208) l. 3. 4 D. de oper. seruor. (7. 7), l. 23 D. de A. R. D. (41. 1).

209) l. 10 § 3 D. de A. R. D. (41. 1) De his autem seruis, in quibus tantum usumfructum habemus, ita placuit, ut quidquid ex re nostra uel ex operis suis adquirant, id nobis adquiratur, si quid uero extra eas causas persecuti sint, id ad dominum proprietatis pertinet; itaque si is seruus heres institutus sit legatumue quid aut ei donatum fuerit, non mihi, sed domino proprietatis adquiritur. § 4. Idem placet de eo, qui a nobis bona fide possidetur, siue liber sit siue alienus seruus: quod enim placuit de usufructuario, idem probatur etiam de bonae fidei possessore; itaque quod extra duas istas causas adquiritur, id uel ad ipsum pertinet, si liber est, uel ad dominum eius, si seruus est.

bona fide ist[210]). Diese Vorschrift kann nur auf folgendes Princip zurückgeführt werden: der rechtmäßige Besitzer macht nicht blos einen rechtmäßigen Gebrauch von der Sache, wenn er von ihr natürliche Früchte gewinnt, sondern auch wenn er einen anderweitigen Ertrag von ihr zieht, den sie ihrer Bestimmung gemäß abwirft, denn diese Bereicherung ist gleichfalls keine ungerechtfertigte, da sie weder sine causa noch non ex iusta causa erfolgt, so lange der Besitzer in bona fide ist; die Dauer der bona fides bestimmt die Dauer des rechtmäßigen und deshalb definitiven Gewinns, sie ist die einzige Bedingung, von der die Erwerbung juristischer Früchte ihrer Beschaffenheit nach abhängig sein kann. Nach diesem Princip muß also auch die Forderung aus dem Mieth= und Pachtcontract beurtheilt und dabei berücksichtigt werden, daß die Schuld auf das Mieth= und Pachtgeld nur in demselben Maße successive anwächst, in welchem der Vermiether oder Verpächter den verabredeten Gebrauch gewährt[211]). Denn um deßwillen ist die Forderung nur auf den Betrag eine rechtmäßig erworbene Frucht, den der Conductor während der bona fides des Locators schuldig geworden ist. Es genügt nicht, daß der Locator bei der Contrahirung der Forderung in bona fide war, sondern es muß, wie bei den operae seruorum. auf die singula momenta gesehen werden; und es kommt nicht in Betracht, ob und in welchem Maße ihm die merces beim Eintritt der mala fides gezahlt, sondern lediglich, zu welchem Theil sie bis dahin Gegenstand seiner Forderung geworden ist. Auf diesen Theil hat der Dominus keinen Anspruch. Von dem b. f. possessor, der die Sache selbst oder dingliche Nutzungsrechte an der Sache verkauft hat, kann er das pretium

---

210) l. 23 § 1 D. de A. R. D. (41. 1). c. 1 C. de R. C. (3. 32).
211) Vgl. l. 30 pr. l. 33 D. loc. cond. (19. 2).

condiciren, sobald ihm die rei vindicatio nicht mehr zusteht, weil das pretium nicht zu den Früchten zählt[212]), aber auf die merces haftet ihm nur der m. f. possessor[213]), weil die merces Frucht ist[214]), die vom rechtmäßigen Besitzer recht= mäßig gezogen wird.

Es ergiebt sich hieraus, daß dem Dominus hinsichtlich des Pachtgeldes kein anderes Recht zustehen kann, als hinsicht= lich des Miethgeldes. Der Umstand, daß der b. f. possessor das Pachtgeld als Aequivalent für den Bezug der natürlichen Früchte erhält, hat nur insofern Bedeutung, als hier zugleich die Voraussetzungen, unter welchen der Pächter diese Früchte erwirbt, in Frage kommen.

Mit dem Abschluß des Pachtcontracts erklärt der b. f.

---

212) Der von manchen Juristen (vgl. v. Wächter, Erört. II. S. 100, Ihering, Abhandl. S. 78 ii., Witte, Bereicherungsklagen S. 325 ff.) unter Bezugnahme auf l. 23 D. de R. C. (12. 1), l. 49 D. de neg. gest. (3. 5), l. 30 pr. D. de act. empti (19. 1) aufgestellte Satz: der b. f. possessor müsse den durch Gebrauch oder Umsatz der Sache ge= zogenen Gewinn nur in dem Fall an den Eigenthümer herausgeben, wenn er titulo putativo besitze, erscheint nach l. 12 §1 D. de distr. pign. (20. 5), c. 1 C. de reb. al. (4. 51), c. 1 C. de comm. rer. al. (4. 52) nicht gerechtfertigt: denn diese Stellen sprechen schlechthin vom Besitzer ohne Rücksicht auf die Beschaffenheit seines Titels, vgl. Windscheid, Pand. § 122 Note 1. In der That gilt aber jener Satz, wie die weitere Dar= stellung zeigen wird, für die Früchte: von einem b. f. possessor, der nur aus putativem Titel besitzt, kann der Dominus die Bereicherung aus den juristischen wie aus den natürlichen Früchten fordern; nur der b. f. possessor ex vero titulo consumirt die natürlichen Früchte als Eigen= thümer.

213) l. 55 D. de cond. indeb. (12. 6) Si urbana praedia loca- verit praedo, quod mercedis nomine ceperit. ab eo qui soluit non repetetur. sed domino erit obligatus. l. 62 pr. D. de R. C. (6. 1). si navis a malae fidei possessore petatur, et fructus aesti- mandi sunt. ut in taberna et area. quae locari solent. c. 5. c. 17 C. de R. L. (3. 32).

214) l. 29 D. de H. P. (5. 3), l. 36 D. de usur. (22. 1).

possessor zugleich seinen zur Tradition der künftigen Früchte erforderlichen Willen, und der Pächter vollendet diese begonnene Tradition durch die Perception. Deshalb erwirbt er an den percipirten Früchten sofort durch Succession das definitive Eigenthum, falls der Verpächter zur Zeit der Perception noch in bona fide war, da die Consumption, welche den Verpächter zum definitiven Eigenthümer macht, mit der vollendeten Tradition erfolgt ist. Es steht also in diesem Fall dem Dominus überhaupt keine Klage auf die Früchte zu, weder auf die natürlichen noch auf die juristischen. War dagegen der Verpächter zur Zeit der Perception schon in mala fide, so kann der Pächter die Früchte nur originär aus seinem eigenen rechtmäßigen Besitz erwerben: er wird durch die Perception blos provisorischer und erst durch die Consumption definitiver Eigenthümer. Daher ist hier der Dominus berechtigt, die fructus exstantes zu vindiciren; wenn aber der Pächter die Früchte verzehrt oder veräußert hat, so können sie weder von ihm condicirt noch von dem jetzigen Besitzer vindicirt werden. Da damit die Möglichkeit eines Evictionsanspruchs gegen den Pächter ausgeschlossen wird, so gereicht die bona fides desselben auch dem Verpächter, der in mala fide ist, zum Vortheil. Es kann gegen ihn die actio conducti auf Ersatz eines vom Pächter geleisteten Evictionsinteresses nicht begründet werden; er haftet nur dem Dominus auf die fructus ciuiles, die er seit der mala fides durch die Pacht gezogen hat, und auf die fructus percipiendi[215]).

In dieser doppelten Weise ist der Erwerb der natürlichen Früchte nicht möglich, wenn der b. f. possessor sie durch Bestellung eines dinglichen Rechts einem Andern überlassen hat. Wer die Sache von ihm als Emphyteuta oder Usufructuar er-

---

215) l. 62 pr. D. de R. U. (6. 1).

hält, kann die Früchte nur auf Grund seines eigenen rechtmäßigen Besitzes erwerben; es fehlt hier an den Erfordernissen
der Tradition, weil sein Erwerb nach Inhalt der Bestellungs-
geschäfte von dem Willen des Bestellers unabhängig sein soll.
Deshalb wird er durch die Separation bzw. durch die Perception stets nur provisorischer und erst durch die Consumption definitiver Eigenthümer, der Besteller mag in bona oder
in mala fide sein. In derselben Lage ist der Pfandgläubiger, der sich im Besitz der verpfändeten Sache befindet. Hat
er das Pfand vom Dominus, so erwirbt er durch Separation
das Eigenthum an den Früchten, weil er verpflichtet ist, den
Ertrag von der Sache zu gewinnen und den Werth desselben
auf die Pfandschuld in Abrechnung zu bringen [216]); ist ihm
von einem Nichteigenthümer bona oder mala fide das Pfand
bestellt, so wird er kraft seines rechtmäßigen Besitzes mit der
Separation blos provisorischer und erst mit der Consumption
definitiver Eigenthümer der Früchte. Daher wird auch hier
die bona fides des Pfandgläubigers dem Verpfänder, der in
mala fide ist, insofern nützlich, als die Veräußerung der
Früchte keinen Evictionsanspruch gegen den Pfandgläubiger

---

216) c. 3 C. de pign. act. (4. 24) Creditor, qui praedium pignori
sibi nexum detinuit, fructus, quos percepit uel percipere debuit,
in rationem exonerandi debiti computare necesse habet. c. 1. 2 C.
eod. c, 9 C. de pignor. (8. 14), c. 2 C. de partu pignor. (8. 25),
c. 1 C. de distr. pign. (8. 28), l. 5 § 21 D. ut in poss. legat. (36.
4). Die Verpflichtung des Pfandgläubigers, den Werth der Früchte von
der Pfandschuld abzurechnen, fordert, daß er nicht erst durch Perception,
wie u. A. Dernburg, Pfandr. Bb. 2 S. 71 annimmt, sondern schon
durch Separation Eigenthümer der Früchte wird, damit er sie, wenn ihm
ein Anderer in der Perception zuvorkommt, zum Zweck der Distraction
vindiciren oder ihren Werth condiciren kann; vgl. Böcking, Pand.
§ 151 Note 17.

7

nach sich ziehen kann [217]), der ihn erſaßpflichtig und die Abrechnung rückgängig macht:

l. 22 § 2 D. de pign. act. (13. 7) Ulp. l. 36
ad Ed.

Si praedo rem pignori dederit, competit ei et de fructibus
pigneraticia actio [218], quamvis ipse fructus suos non faciet: a praedone enim fructus et uindicari exstantes possunt et consumpti condici; proderit igitur ei, quod
creditor bona fide possessor fuit.

Man hat den Schluß dieſer Stelle für unverſtändlich erklärt, weil es nicht denkbar ſei, daß der Gläubiger, welcher
eine Sache als Pfand empfange, deren Eigenthümer zu ſein
glaube [219]). Die Annahme, es werde ihm dieſer Glaube zu-
geſchrieben, gründet ſich in der irrigen Anſicht: nur der Beſitz
opinione dominii ſei b. f. possessio [220]). Das Gegentheil
beweiſt die nachfolgende Stelle:

l. 54 § 3 D. de A. R. D. (41. 1) Modest. l. 31
ad Quint. Muc.

At si iussu nostro quid in re nostra gerant (scil. homo
liber uel alienus seruus, qui bona fide nobis seruit) uel
absentibus nobis quasi procuratores aliquid agant, danda
erit in eos actio. Non solum si eos emerimus, sed etiam
si donati fuerint nobis aut ex dotis nomine aut ex legati
pertinere ad nos coeperunt aut ex hereditate, idem
praestabunt: nec solum si nostros putauerimus,
sed et si communes aut fructuarios, ut tamen:
quod adquisituri non essent, si re uera com-

---

217) l. 11 § 16 D. de act. empti (19. 1). c. 2 C. credit. euict.
pign. (8. 46).

218) l. 9 § 4 D. de pign. act. (13. 7).

219) Windſcheid, Zeitſchr. f. Civ. u. Pr. N. F. Bd. 4. S. 168.

220) Vgl. Göppert a. a. O. S. 391 Note 10.

munes aut usuarii essent, id nobis utique²²¹)
non adquirant.

l. 40 D. h. t. Afric. l. 7 Quaest.

.... quo casu fructus praediorum consumptos suos faciat
bona fide possessor, eodem per seruum ex opera et ex
re ipsius ei adquiratur.

Hiernach ist die zum Fruchterwerb erforderliche b. f. possessio weder durch einen Eigenthumstitel für die frucht-
tragende Sache noch durch den juristischen Besitz derselben
bedingt. Sie setzt nur voraus, daß der Besitzer die Sache aus
einem Titel hat, aus welchem an und für sich das Eigenthum an
den Früchten erworben werden kann²²²). Dieser Titel muß aber
wirklich existiren; durch den blos gutgläubigen Besitzer mit
putativem Titel wird dem Dominus das Eigenthum an
den Früchten bei der Separation nicht entzogen, weil sein Besitz in der That kein rechtmäßiger ist.

Wer pro herede eine Erbschaft besitzt, wird nur gut-
gläubiger Besitzer der separirten Früchte; das Eigenthum an
ihnen gehört zur Erbschaft, die Separation mag vor oder nach
dem Antritt erfolgt sein. Daher consumirt der Besitzer fremde
Sachen, wenn er die Früchte verzehrt oder veräußert, und haftet
demgemäß auf die Bereicherung, gleichviel ob der Erbe die Früchte
gezogen haben würde oder nicht. Er macht, weil die causa

---

221) Vgl. Mommsen; die Handschriften haben hodieque statt
nobis utique.

222) l. 4 § 9 D. fin. regund. (10. 1). Finium regundorum actio
et in agris uectigalibus et inter eos qui usumfructum habent uel fructuarium et dominum proprietatis uicini fundi et inter eos qui iure pignoris possident competere potest. l. 4 § 2 D. eod... sed ante iudicium
percepti (fructus) non omnimodo hoc in iudicium uenient: aut enim
bona fide percepit, et lucrari eum oportet, si eos
consumpsit, aut mala fide, et condici oportet. Vgl. Seuffert's Archiv Br. 20 Nr. 18.

7 *

für seine b. f. possessio fehlt, keinen rechtmäßigen Ge=
brauch von der Sache, wenn er ihre natürlichen oder juristi=
schen Früchte in sein Vermögen zieht; deßhalb ist die Berei=
cherung, welche ihm dadurch zugeht, eine ungerechtfertigte:

l. 20 § 3 D. de H. P. (5. 3) Ulp. l. 15 ad Ed.

... Fructus autem omnes augent hereditatem, siue ante
aditam siue post aditam hereditatem accesserint[223]).

l. 40 § 1 D. h. t. Paul. l. 20 ad Ed.

... In bonae fidei autem possessore hi tantum
(fructus) ueniunt in restitutione quasi augmenta hereditatis, per quos locupletior factus est.

l. 29 D. h. t. Ulp. l. 15 ad Ed.

Mercedes plane a colonis acceptae loco sunt fructuum.
Operae quoque seruorum in eadem erunt causa, qua
sunt pensiones. Item uecturae nauium et iumentorum.

l. 56 D. h. t. Afric. l. 4 Quaest.

Quum hereditas petita sit, eos fructus, quos possessor
percepit, omnimodo restituendos, etsi petitor eos
percepturus non fuerat.

Anders verhält es sich, wenn der Titel für den Besitz der
Erbschaft kein putativer, sondern wirklich vorhanden ist:

c. 2 C. h. t. (3. 31).

... Fructibus enim augetur hereditas, quum ab eo possidetur, a quo peti potest. Emtor autem, qui proprio titulo possessionis munitus est, etiam
singularum rerum iure conuenitur.

l. 13 § 4 D. h. t. Ulp. l. 15 ad Ed.

Quid si quis hereditatem emerit, an. utilis in eum petit=
tio hereditatis deberet dari, ne singulis indiciis uexaretur? Uenditorem enim teneri certum est. Sed

---

223) l. 25 § 20, l. 26 D. h. t. (5. 3).

finge non extare uenditorem uel modico uendidisse et bonae fidei possessorem fuisse, an porrigi manus ad emptorem debeant? Et putat Gaius Cassius dandam utilem actionem.

Caſſius wollte dem Erben die hereditatis petitio, wie Ulpian in der letzten Stelle berichtet, nicht blos gegen den Beſitzer pro herede und pro possessore geben, ſondern auch gegen den, der die Erbſchaft als uniuersitas gekauft oder aus einem andern ſingulären Titel [224]) erhalten hat, einerſeits damit er nicht genöthigt ſei, jede einzelne Sache beſonders zu uindiciren (ne singulis iudiciis uexaretur [225]), andererſeits weil die ihm gegen den Verkäufer zuſtehende hereditatis petitio nicht immer ausreiche, z. B. wenn der Verkäufer nicht mehr exiſtire oder um einen geringen Preis verkauft habe und als b. f. possessor nur auf die Bereicherung hafte. Der Erbe ſollte alſo die Wahl haben, ob er gegen den Verkäufer oder gegen den Käufer [226]), und ob er gegen dieſen mit der hereditatis petitio oder mit den einzelnen Vindicationen klagen wolle. Aus der c. 2 cit. C. de H. P. ergiebt ſich, daß dieſe Anſicht des Caſſius, die auch Marcellus und Papinian adoptirten [227]), recipirt wurde, daß ſie aber das Fruchtrecht des b. f. emptor nicht alterirte: da er nicht, wie der possessor pro herede, aus putatiuem Titel beſitzt (proprio titulo possessionis munitus est), ſo muß er auch der hereditatis petitio gegenüber hinſichtlich der Früchte wie

---

224) Vgl. l. 13 § 5—10 D. eod.

225) In den Basil. lib. 42 tit. 1. 13 schol. 7 werden dieſe Worte dahin erläutert: ne uerus hereditatis dominus, si singulas res uindicare cogatur, pluribus iudiciis uexaretur.

226) Vgl. l. 20 § 17, 18 D. de H. P. (5. 3). Göppert a. a. C. S. 357.

227) l. 13 § 5, § 10 D. de H. P. (5. 3).

ber Käufer einer einzelnen Sache beurtheilt (etiam singularum rerum iure conuenitur), also durch die Separation provisorischer und durch die Consumption befinitiver Eigenthümer der Früchte werden. Der Erbe kann ihm nur die fructus exstantes abforbern.

Ein besonderes Recht gilt für den Erbschaftskäufer nur insofern, als er der Klage des Erben auf Restitution der res hereditariae eventuell die exceptio quod praeiudicium hereditati non fiat entgegen stellen kann, und insofern er liberirt ist, wenn der Erbe vom Verkäufer den Kaufpreis erhalten und damit seine Wahl zwischen dem Pretium und den verkauften Sachen getroffen hat:

l. 25 § 17 D. de H. P. (5. 3) Ulp. l. 15 ad Ed. Item si rem distraxit bonae fidei possessor nec pretio factus sit locupletior. an singulas res. si uondum usucaptae sint, uindicare petitor ab emptore possit? Et si uindicet, an exceptione non repellatur quod praeiudicium hereditati non fiat inter actorem et eum qui uenum dedit, quia non uidetur uenire in petitionem hereditatis pretium earum, quamquam uicti emptores reuersuri sunt ad eum qui distraxit? Et puto posse res uindicari. nisi emptores regressum ad bonae fidei possessorem habent. Quid tamen si is qui uendidit paratus sit ita defendere. hereditatem, ut perinde atque si possideret conueniatur? Incipit exceptio locum habere ex persona emptorum. Certe si minori pretio res uenierint et pretium quodcunque illud actor sit consecutus, multo magis poterit dici exceptione eum summoueri. Nam et si id quod a debitoribus exegit possessor petitori hereditatis soluit, liberari debitores Julianus libro quarto Digestorum scribit, siue bonae fidei possessor siue praedo

fuit qui debitum ab his exegerat, et ipso iure eos liberari.

Hat der gutgläubige Besitzer die Erbschaft mit der Ueber=
einkunft verkauft, ut quidquid iuris haberet uenditor emptor haberet, so haftet er nicht für Eviction, fehlt aber die=
ser Zusatz, tunc heredem se esse praestare debet [228]). Auf
diese Evictionspflicht influirt aber das S. C. Iuuentianum,
nach welchem der gutgläubige Erbschaftsbesitzer keinerlei Scha=
den durch seinen Besitz erleiden soll [229]): denn aus dieser Vor=
schrift ergiebt sich für ihn das Recht, Klagen des Erben zu=
rückzuweisen, welche ihn, wie die statt der hereditatis petitio
angestellten Singularklagen, über das Maß der Bereicherung
verpflichten würden. Zur Geltendmachung dieses Rechts dient ihm
die exceptio quod praeiudicium hereditati non fiat [230]),
die auch seinem Singularsuccessor zustehen muß, wenn ihn die
gegen diesen gerichtete Klage, sei es eine Singularklage oder
die hereditatis petitio utilis [231]), in Schaden bringen
würde. Diese Voraussetzung tritt in dem Falle ein, den
Ulpian in der l. 25 cit. bespricht: wenn der Besitzer die
Erbschaft bona fide verkauft hat, ohne durch den empfangenen
Preis bereichert zu sein, so kann der Erbe ihn mit der hereditatis petitio nicht in Anspruch nehmen; deßhalb darf der
Erbe auch keine Klage gegen den Käufer haben, weil sie
die Forderung auf Evictionsleistung gegen den Verkäufer be=
gründen würde. In Gemäßheit des S. C. Iuuentianum mußte
hier die Präjudicialeinrede dem Käufer aus der Person des

228) l. 11 — l. 13 D. de H. u. A. U. (18. 4).

229) l. 25 § 11 D. de H. P. (5. 3) Consuluit senatus bonae fidei
possessoribus, ue in totum damno adficiantur, sed in id
duntaxat teneantur, in quo locupletiores facti sunt.

230) Gaius IV. 133.

231) Vgl. Pangerow, Pand. Bd. 2 § 508 S. 352.

Verkäufers gegeben werden (quia non uidetur — ad eum
qui distraxit), während er schon aus seiner eigenen Person
durch eine exceptio doli geschützt ist, wenn der Erbe den
Kaufpreis vom Verkäufer eingetrieben, und wenn der Verkäufer sich bereit erklärt hat, der hereditatis petitio so zu haften, wie wenn er die veräußerte Erbschaft noch besäße (incipit exceptio locum habere ex persona emptorum).
Mit Recht wurde demnach die aufgeworfene Frage, an singulas res uindicare petitor ab emptore possit? von Ulpian dahin entschieden: et puto posse res uindicari, nisi emptores regressum ad bonae fidei possessorem habent[232].

Diese Entscheidung darf also nicht in die Lehre vom
Fruchterwerb des b. f. possessor hineingezogen werden.
Sie bestätigt nur, daß die Früchte nicht jeder, sondern nur
der rechtmäßige b. f. possessor erwirbt, wie dies in einer andern viel besprochenen Stelle ausdrücklich gesagt wird:

l. 45 D. de usur. (22. 1) Pomp. l. 22 ad Qu.
Muc.

Fructus percipiendo uxor uel uir ex re donata suos facit, illos tamen, quos suis operis adquisierit, ueluti se-
rendo; nam si pomum decerpserit uel ex silua caedit,
non fit eius (sicuti nec cuius libet bonae fidei
possessoris), quia non ex facto eius is fructus nascitur.

---

232) Francke, Exegetisch-dogmat. Comment. über den Titel de
Hereditatis Petitione S. 309, will in diesem Satze licet statt nisi lesen,
und Mommsen in seiner Digestenausgabe vermuthet, daß der ganze
Satz nicht von Ulpian sei. Bei den Bedenken, welche diese Worte her-
vorgerufen haben, ist nicht beachtet, daß das S. C. Iuuentianum von
dem b. f. possessor der Erbschaft jeden (Note 230), auch den indi-
recten Schaden abwenden wollte; vgl. Windscheid, Pand. § 612
Note 15.

Eine Schenkung unter Ehegatten, durch welche der Schen=
ker nicht ärmer wird, fällt nicht unter das Verbot²³³). Des=
halb ist der mit der Tradition der geschenkten Sache verbun=
dene Wille, daß der Beschenkte auch die künftigen Früchte von
ihr haben soll, soweit dies fructus industriales sind, auf eine
licita donatio gerichtet: denn der Verlust dieser Früchte macht
den Schenker nicht ärmer, weil er sie nicht gewinnen konnte,
da er den Besitz der Sache aufgegeben hat. An ihnen erwirbt
daher der Beschenkte das Eigenthum, sobald er die begonnene
Tradition durch die Perception vollendet (percipiendo suos
facit). Aus demselben Grunde erhält er auch die durch seine
Thätigkeit erzeugten juristischen Früchte z. B. die Zinsen von
geschenktem Gelde; sie gehören ihm, wenn die Schenkung wi=
derrufen ist, soweit sie ihm zu dieser Zeit geschuldet wurden²³⁴).
Dagegen Früchte, die entstehen, ohne daß es dazu einer Thä=
tigkeit bedarf, kommen durch die Perception nicht in das Eigen=
thum des Beschenkten — wie denn bekanntlich nicht jeder b.
f. possessor die Früchte erwirbt (sicuti nec cuiuslibet bonae fidei possessoris) —, weil sie eine freiwillige Naturgabe
an den Dominus der fruchttragenden Sache sind (quia non
ex facto eius is fructus nascitur), und deshalb ihr Verlust
den Schenker ärmer machen würde²³⁵).

---

233) l. 4 § 16, l. 25 D. de don. i. u. e. u. (24. 1).

234) l. 17 D. de donat. i. u. et u. (24. 1). De fructibus quoque uideamus, si ex fructibus praediorum, quae donata sunt, lo-
cupletata sit, an in causam donationis cadant. Et Iulianum signi-
ficat, fructus quoque ut usuras licitam habere donatio-
nem. l. 15 § 1, l. 16 D. eod.

235) Gleichwohl macht der Beschenkte, wenn er die Früchte ver=
äußert, den Empfänger zum Eigenthümer, weil die Veräußerung mit
dem Willen des Schenkers erfolgt; er haftet dem Schenker aber auf die
Bereicherung, da er sie ex non concessa donatione und deshalb sine
causa hat. Ebenso wenn er sie verzehrt, sofern er dadurch nicht blos

Nach diesem Gedankengange der Stelle ist leicht ersichtlich, daß Pomponius mit der von ihm eingeschobenen Parenthese kurz den Gedanken abweisen wollte, als ob alle Früchte schon nach den Grundsätzen über den Fruchterwerb des b. f. possessor dem beschenkten Ehegatten zukommen müßten. Da er durch die Schenkung die possessio an der Sache erwirbt [236]), und da er auch in bona fide ist, weil er einen vom Dominus gewollten und eingeräumten, also durchaus redlichen Gebrauch von der Sache macht [237]), so lag der Hinweis nahe, daß er gleichwohl wegen des mangelnden Titels und wegen des Bewußtseins, daß er ihm mangelt, die zum Fruchterwerb erforderliche b. f. possessio nicht habe [238]). Es könnte dies Requisit des iustus titulus, wie es heute geschieht [239]), auch von einem

---

eine Ausgabe erspart, weil er kann durch die Früchte nicht reicher geworden ist, l. 5 § 8, § 18, l. 6. l. 7 pr. D. h. t. (24. 1).

236) l. 1 § 4 D. de A. u. A. P. (41. 2). Si uir uxori cedat possessionem donationis causa, plerique putant possidere eam, quoniam res facti infirmari iure ciuili non potest; et quid attinet dicere non possidere mulierem, quum maritus, ubi noluit possidere, protinus amiserit possessionem?

237) l. 5 pr. D. pro derelicto (41. 7)... si tibi rem ab uxore donatam sciens emero, quia quasi uolente et concedente domino id faceres (i. e. eam uenderes) idem iuris est (i. e. me usucapturum constat).

238) Vgl. l. 19 pr. D. de donat. i. u. e. u. (24. 1).

239) So nimmt z. B. Brinz, Pand. Bd. 1. S. 198, weil er dies Erforderniß nicht beachtet, einen Widerspruch an zwischen der besprochenen l. 45 und der l. 48 D. de A. R. D. (41. 1); Windscheid, Zeitschr. f. Civ. u. Pr. B. 4 S. 131 findet in Folge dessen in der l. 45 den Ausspruch: der b. f. possessor erwerbe die Früchte überhaupt nicht, und stützt seine Theorie auf Stellen, die vom bloß gutgläubigen Erbschaftsbesitzer handeln; ebenso Göppert (s. oben S. 7 u. 11), und v. Pangerow Pand. § 326 S. 624 führt die Haftung des Erbschaftsbesitzers auf die Bereicherung aus den consumirten Früchten auf die Vorschriften des S. C. Iuuentianum zurück.

römischen Juristen übersehen werden, der die oben dargelegten Gründe der naturalis ratio, aus welchen dieser Erwerb zugelassen wurde, nicht in Erwägung zog. Nach ihnen setzt er zugleich Rechtmäßigkeit und Redlichkeit des Besitzes voraus [240]): an jener fehlt es beim bewußten wie beim unbewußten Mangel des Titels, an dieser bei der bewußten wie bei der unbewußten Widerrechtlichkeit, wenn der Irrthum über das Recht auf die Früchte durch Leichtfertigkeit oder Nachlässigkeit entstanden oder als error iuris ein unentschuldbarer ist [241]). Nur wenn der Besitzer eine auf Ueberlegung beruhende Ueberzeugung von der Rechtmäßigkeit seines Erwerbes hat, ist er in bona fide [242]).

—— —

240) Die deutschen Gesetzgebungen weichen erheblich vom römischen Recht ab. Sie lassen insgesammt den Erwerb nur auf Grund eines Eigenthumstitels zu, es genügt nach ihnen auch ein Putativtitel, und der definitive Erwerb der natürlichen Früchte tritt schon mit der Separation, der Erwerb der juristischen erst mit der Fälligkeit ein, vgl. Preuß. Landr. Th. I. Tit. 7 § 189 ff. und dazu § 11—14 (besondere Vorschriften gelten für die von Immobilien gezogenen Früchte des letzten Jahrs § 197 ff.), Oesterreich. Gesetzb. § 316. 326. 330, Sächsisch. Gesetzb. § 187. 188. 244. Eine Abweichung enthält der Entwurf eines bürg. Gesetzb. f. das Königr. Bayern Art. 16—18, Art. 100. 163, insofern er den Erwerb von der Perception abhängig macht und mit ihr der Besitzer nur provisorischer Eigenthümer wird; die fructus exstantes kann der Dominus vindiciren. — Einen uerus titulus fordert nur der Code Napoleon, Art. 549. 550; im Uebrigen erfolgt auch nach ihm der Erwerb nur auf Grund eines Eigenthumstitels und schon durch die Separation definitiv.

241) l. 9 pr. § 1—3 D. de iur. et fact. ign. (22. 6). l. 3 § 1, l. 7. 8 D. eod.

242) Die Streitfrage über die Erfordernisse der bona fides ist in jüngster Zeit aus Anlaß eines wichtigen Processes von Neuem in zwei ausgezeichneten Schriften behandelt worden: v. Wächter, Die bona fides insbesondere bei der Ersitzung des Eigenthums (Leipzig 1871) und Bruns, Das Wesen der bona fides bei der Ersitzung (Berlin 1872). Nach v. Wächter's Ansicht gehört zur bona fides ihrem Be-

griff nach nur der rein factische Glaube, daß man kein Unrecht thue, ohne Rücksicht auf die Entschuldbarkeit des Glaubens im Falle des Irrthums; diese bestimme nicht ihr Dasein, sondern influire nur auf ihre Wirkungen. Dagegen bestimmt Bruns den Begriff der bona fides als die auf redlicher Ueberlegung beruhende Ueberzeugung von der Rechtmäßigkeit eines Erwerbes. M. E. wird diese Definition, abgesehen von inneren Gründen, durch die von Bruns a. a. O. S. 82 beigebrachten Stellen bestätigt, die das Wesen der bona fides principiell behandeln und aus welchen deshalb andere, in denen dies nicht der Fall ist, wie z. B. die l. 109 D. de U. S. (50. 16), ihre Ergänzung erhalten müssen; vgl. namentlich l. 11, l. 32 D. depos. (16. 3), l. 68 D. de contr. empt. (18. 1.), l. 18 D. de neg. gest. (3. 5).